AF606365

DIOS ES AZUL

JJ BENÍTEZ

DIOS ES AZUL

La muerte solo es abrir una puerta

Obra editada en colaboración con Editorial Planeta – España

© del texto: Juan José Benítez López, 2025.
© de las fotos e ilustraciones de interior:Mintaha Neslihan Eroglu/Anadolu Agency/Getty Images / Deborah Feingold/Corbis / Getty Images / Pilar Aymerich / Album ETIENNE LAURENT/EFE / Lumeimages / imageBROKER / Album / Alamy / Album / Science Source / Album / NYPL / Science Source / Album / akg-images / Album /Universal History Archive/Universal Images Group / Album / Alamy / Album /Artelan / Album
© de la imagen de portada: Shutterstock / Towhidul tohu
© del diseño de la portada: Planeta Arte & Diseño

© 2025, Edicions 62, S.A. – Barcelona, España

Derechos reservados

© 2026, Editorial Planeta Mexicana, S.A. de C.V.
Bajo el sello editorial PLANETA M.R.
Avenida Presidente Masaryk núm. 111,
Piso 2, Polanco V Sección, Miguel Hidalgo
C.P. 11560, Ciudad de México
www.planetadelibros.com.mx

Primera edición impresa en España: marzo de 2026
ISBN: 979-13-87667-46-7

Primera edición impresa en México: abril de 2026
Primera reimpresión en México: junio de 2026
ISBN: 978-607-39-4125-9

No se permite la reproducción total o parcial de este libro ni su incorporación a un sistema informático, ni su transmisión en cualquier forma o por cualquier medio, sea este electrónico, mecánico, por fotocopia, por grabación u otros métodos, sin el permiso previo y por escrito de los titulares del *copyright.*

Queda expresamente prohibida la utilización o reproducción de este libro o de cualquiera de sus partes con el propósito de entrenar o alimentar sistemas o tecnologías de Inteligencia Artificial (IA).

La infracción de los derechos mencionados puede ser constitutiva de delito contra la propiedad intelectual (Arts. 229 y siguientes de la Ley Federal del Derecho de Autor y Arts. 424 y siguientes del Código Penal Federal).

Si necesita fotocopiar o escanear algún fragmento de esta obra diríjase al CeMPro (Centro Mexicano de Protección y Fomento de los Derechos de Autor, http://www.cempro.org.mx).

Impreso en los talleres de Impregráfica Digital, S.A. de C.V.
Avenida 11 463, interior Bodega 2, Colonia San Nicolas Tolentino
C.P. 09850, Iztapalapa, Ciudad de México.
Impreso en México – *Printed in Mexico*

A mi hija Lara, la princesa,
que no necesita estas pruebas

Por razones de seguridad, algunos nombres, fechas y lugares han sido alterados.

En las otras realidades, solo lo absurdo es cierto.

NIELS BOHR

El universo (visible e invisible) está habitado por
un número casi ilimitado de criaturas conscientes.

EVAN WALKER

La muerte son cincuenta milisegundos.
Después llega el no tiempo.

Ahora tengo luz. Tras la muerte seré luz.

No le des más vueltas. Estás en la vida
para saber qué es la vida. Después, tras la muerte,
regresarás a la realidad (a casa).

J. J. BENÍTEZ

MIL TESTIGOS

Inicié las investigaciones sobre el «más allá» en 1968, en Zaragoza (España), aparentemente por casualidad. Yo era reportero en *El Heraldo de Aragón*. En estos sesenta años he interrogado a más de mil personas.

Mil testigos que han visto, hablado y tocado a familiares y amigos muertos.

Mil personas que han experimentado las llamadas «experiencias cercanas a la muerte» (ECM).

Mil testigos que solicitaron señales y se cumplieron.

No voy a ocultarlo: entiendo que la muerte solo es apagar la luz. Después llega la vida (la verdadera vida).

Tras el dulce sueño de la muerte recibimos un nuevo cuerpo físico.

Tras la muerte iniciamos un largo peregrinaje por el no tiempo.

Tras la muerte no volvemos a morir. Es la ley.

Tras el dulce sueño de la muerte seguimos vivos (en otra dimensión).

Tras la muerte, la felicidad es total y permanente.

No tengo todas las respuestas. Solo indicios.

Tras la publicación de *Estoy bien* (2014) he recibido cientos de cartas y correos electrónicos, informándome sobre numerosos casos de «resucitados». La esperanza ha sido sembrada.

J. J. Benítez

SAURA

En febrero del año 2001 recibí la siguiente carta, fechada en Castellón (España):

Querido y respetado J. J. Benítez:

Tengo la sensación de estar escribiendo la carta más importante de mi vida.

Perdona que una humilde lectora se dirija a ti sin más. Leí tu libro *Al fin libre* en junio de 2000, cuando mi querido y único hijo, Víctor, estaba a la espera de someterse a un trasplante de médula ósea. En aquellas fechas teníamos esperanzas de que, por fin, se curaría y, aunque con secuelas, podría continuar dándonos tantas alegrías y tanto amor como así había sucedido desde que nació, hace ahora cinco años y cuatro meses.

No fue así, y el 13 de enero de este año falleció tras permanecer veinte días en la UCI, completamente sedado, con respiración asistida.

El inmenso amor que le profesamos nos lo devolvió multiplicado por cien.

Un día, estando los dos en casa, me preguntó: «Mamá, ¿tú cuándo te vas a morir?». A lo que respondí que eso nadie podía saberlo. Y él me contestó: «Mira, si tú te mueres antes que yo, ¡tú tranquila! Yo te daré mi manita para que no tengas miedo. Y si yo me muero antes que tú, me das tu mano y así no tendré miedo».

Le prometí que así sería. Y así fue. Pero me atormenta la idea de que al estar tan, tan sedado, no supiera que estábamos allí con él. Ni siquiera sé si su nivel de conciencia le permitía oír todo lo que le decíamos: «Que no tuviera miedo, que había sido un niño maravilloso, que le amábamos más que a nada en este mundo»...

Desde que murió, busco una «señal» que me indique que él está en algún lugar..., que no ha muerto del todo, igual que te sucedió a ti con tu querido padre. Y este es realmente el motivo de esta carta. J. J. Benítez, ¿puedo confiar en que lo que cuentas en tu libro es realmente cierto? Sé que estoy pidiendo cosas imposibles, pero, ¡Dios mío!, daría mi vida por saber si después de morir hay algo más, no solo la NADA más absoluta. ¿Sabrá mi niño que su mamá y su papá no pudieron hacer más?

Él confiaba tanto en nosotros que no puedo quitarme de encima la sensación de haberle fallado, a pesar de que sé que es una idea descabellada e irracional... Pero el corazón no piensa y es lo que siento en lo más profundo de mí. ¡No pude evitar que muriera!

La muerte de un hijo te sacude tan profundamente que necesitas imperiosamente asirte a algo, y de momento solo puedo encontrar algo de paz en lecturas como tu libro.

Te ruego que me contestes a esta pregunta: ¿Tiene algún sentido que me aferre a la idea de que hay vida después de la muerte? Por favor, si tu respuesta es positiva házmelo saber.

De ello depende gran parte de mi paz y equilibrio personal.

Muchas gracias.

SAURA

Respondí de inmediato. Y le dije que sí: ¡HAY VIDA TRAS LA MUERTE! ¡Estoy seguro al ciento cincuenta por cien!

Y entiendo que los lamentos de Saura resumen el sentir de miles de personas. Fueron sus dudas y su infinita tristeza las que me impulsaron a escribir *Dios es azul*.

Espero y deseo que estos testimonios sean la mejor de las respuestas.

QUINO

Einiciaré estas nuevas investigaciones sobre el «más allá» con un capítulo fascinante que anuncia lo que nos espera al «otro lado». Me refiero a las llamadas «experiencias cercanas a la muerte» (ECM). Son miles las personas que las han vivido. He seleccionado 101 casos.

Se entiende por «experiencia cercana a la muerte» las vivencias experimentadas por las personas que han estado clínicamente muertas. Es decir, con un pie aquí y otro en el «más allá». Lo que Elíseo, en *Caballo de Troya*, denomina «Mundos MAT». Según la Medicina, «muerte clínica» es el estado en el que el paciente presenta un paro cardíaco, con un electrocardiograma plano (con línea isoeléctrica), que señala la ausencia de latido. Se producen igualmente un paro respiratorio, una falta de actividad mental (con un electroencefalograma plano) y una arreflexia (falta de reflejos tendinosos).

La muerte clínica se registra por diferentes causas: por traumatismos, intentos de suicidio, complicaciones en operaciones quirúrgicas y accidentes cerebrales (entre otros motivos).

Al «regresar» al cuerpo, al superar la muerte clínica, el testigo —en ocasiones— cuenta algo especialmente atractivo. Este fue el caso de Quino Sánchez Sota, un brillante aparejador de Pamplona (Navarra. España). Lo conozco desde hace años. Nunca se distinguió por su religiosidad. Eso sí: ama a su prójimo sin condiciones y lo demuestra cada día.

Sucedió el 24 de junio del año 2001:

—Me encontraba en mi casa, en Badostain —explicó Quino—. Eran las once de la noche. Recuerdo que estaba viendo *La espada mágica.* Y decidí marcharme a la cama. Me dolía la garganta y tomé un Clamoxyl. Pero, al poco, me levanté. Me picaba todo el cuerpo. Y recuerdo que perdí el conocimiento...

En esos momentos, Miren, una de las hijas de Quino, escuchó la voz de su padre.

—Subí, alarmada —contó la muchacha—, y lo vi caído en las escaleras. Le ayudé a regresar a la cama, lo vestí y llamé a una ambulancia. Tenía la cara blanca. Le costaba respirar. Tuve que darle un par de bofetadas. Llegó la ambulancia. Le inyectaron adrenalina y pensaron en una reacción alérgica a algún medicamento. En esos instantes sufrió una parada cardiorrespiratoria.

Y prosiguió Quino:

—Entonces me vi en una especie de túnel... Pero no tenía límites.

—No comprendo. Tú eres aparejador. ¿Tenía paredes?

—A eso me refiero. Carecía de paredes. El túnel, o lo que fuera, aparecía lleno de luz. Yo me deslizaba horizontalmente.

—¿Cómo ibas vestido?

—Con una especie de camisón. La sensación de paz era increíble. ¡Maravillosa!

—¿Qué anchura presentaba el túnel?

—Unos ocho metros.

—¿Cómo eran las paredes?

—Parecían niebla. Era como algodón.

—¿Se movían?

—No.

—¿Qué fue lo que más te impactó?

—En realidad, todo. Como te digo, yo volaba de forma horizontal, con el brazo izquierdo por delante. Me balanceaba y me veía sonreír. La paz era total.

—¿Volabas por el centro del túnel?

—En efecto.

—¿Podrías medir el tiempo que permaneciste en el túnel?

—Es difícil, pero calculo alrededor de dos minutos.

—¿Y qué pasó?

—Fue como si alguien apagara la luz. Y me vi de nuevo en la ambulancia.

—¿Qué crees que sucedió?

—Entiendo que fue mi alma la que viajó por ese túnel.

—¿Con qué fin?

—No estoy seguro, pero con destino al «más allá».

Quino tenía cincuenta años. Me contó su ECM en varias ocasiones. Jamás entró en contradicción.

Me impresionó la precisión del aparejador a la hora de describir el túnel (o lo que fuera).

Quino, relatando su «experiencia cercana a la muerte».
(Foto: Inma Domínguez)

Aquel 4 de marzo del año 2023, cuando almorzábamos en la casa de Quino, en Badostain (Navarra, España), sucedió algo que me resisto a olvidar. Algo sorprendente y maravilloso…

Hablábamos del Padre Azul y de su gran regalo: el alma. Les expliqué lo poco que sabía: cuando el niño o la niña tienen cinco o seis años, y toman su primera decisión moral, el buen Dios (el Padre Azul) se fracciona y viaja desde el Paraíso, acomodándose en la mente del ser humano. En esos momentos, cuando dibujaba el fascinante y misterioso proceso, el reloj de pared del salón de la casa de Quino empezó a sonar. Y dio seis campanadas. Quino e Isaura, su pareja, quedaron desconcertados.

—Ese reloj —explicó el aparejador— está descompuesto desde hace años…

Me limité a sonreír. Y me dije: otra señal del Número Uno. Y continué con los dibujos y las explicaciones: cuando la «chispa divina» se instala en el cerebro del niño, el buen Dios llega con un regalo: el alma (el Yo), una copa que debemos llenar con nuestras experiencias (buenas, malas y regulares). E insistí: el alma no aparece en el momento de la concepción. Llega mucho después. Repito: a los cinco o seis años. Y Quino comentó:

—Ahora lo entiendo… Dios es más listo que nosotros.

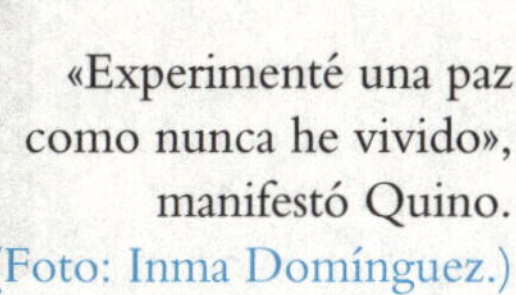

«Experimenté una paz como nunca he vivido», manifestó Quino. (Foto: Inma Domínguez.)

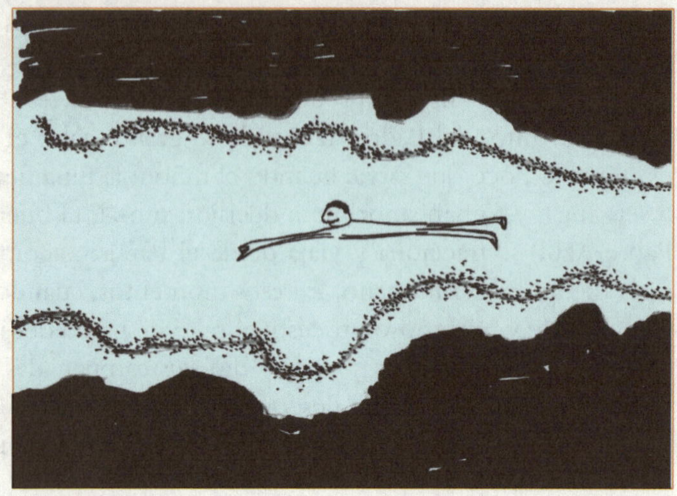

Quino navegó en un «túnel» con «paredes» de niebla.
(Cuaderno de campo de J. J. Benítez.)

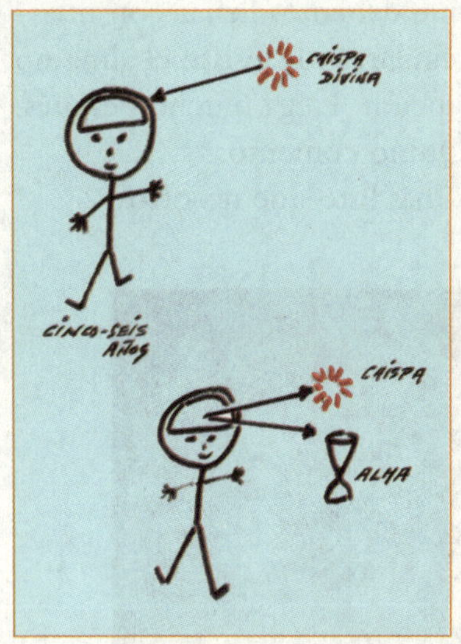

En el momento en que Juanjo Benítez dibujaba la llegada de la «chispa divina» y el alma al cerebro del niño, el reloj de pared de la casa de Quino empezó a funcionar. Llevaba años parado.
(Cuaderno de campo de J. J. Benítez.)

Reloj de pared. Tras varios años descompuesto empezó a funcionar cuando Juanjo mencionó al Padre Azul.
(Foto: Inma Domínguez.)

LINO

Ocurrió en Roma, el 15 de junio de 2022. Lino Rozas, ginecólogo, me contó su «experiencia cercana a la muerte». Quedé sorprendido. Lino es un hombre serio, poco dado a fantasías.

> Me encontraba en Galicia —explicó—. Sucedió en La Coruña el 23 de diciembre del año 2014… Sufrí un infarto y, de pronto, me vi en el interior de un túnel… Parecía un tubo enorme… Yo flotaba horizontalmente… No iba muy rápido… Al fondo se distinguía una luz blanca, intensa… Aquel tubo, o lo que fuera, podía tener unos ochenta o cien metros de longitud… Todo a mi alrededor era silencio… Sentí una gran paz, como jamás he experimentado… No vi a nadie… Y nadie me habló… Y, sin saber por qué, di la vuelta y regresé… Entonces empecé a escuchar unas voces… Eran los médicos que me atendían… Trataban de reanimarme… Me encontraba en el hospital Centro Universitario…

Hablamos y hablamos durante horas. Lino repitió la misma historia, sin desviarse un solo milímetro. Aseguró que «viajaba como en una nube». No vio su cuerpo y la sensación de paz fue total, «como jamás he sentido».

Por supuesto, Quino y Lino no se conocen y, sin embargo, las descripciones del túnel por el que flotaron son parecidas. Esto quiere decir que no mienten ni inventan.

Lino Rozas, ginecólogo. (Foto: J. J. Benítez.)

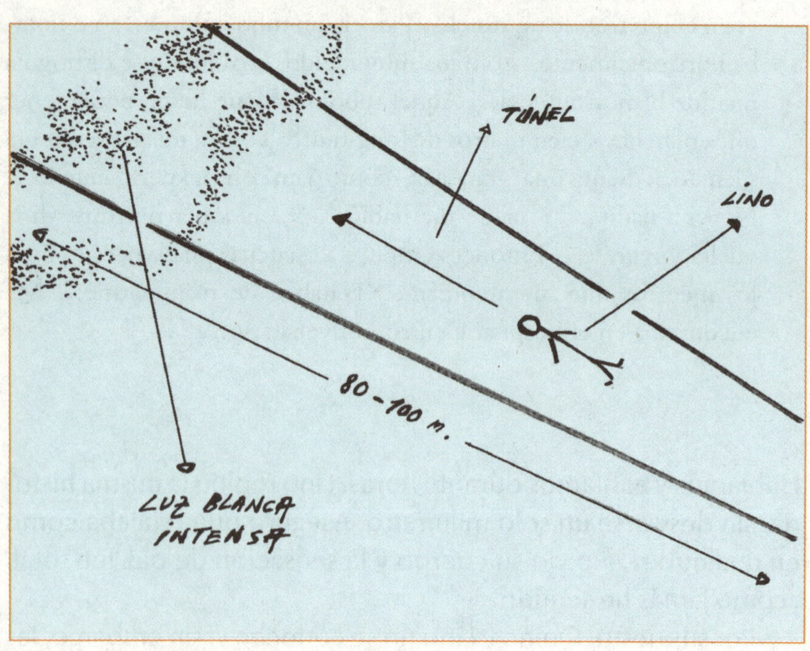

Túnel en el que flotó Lino, el ginecólogo gallego.
(Cuaderno de campo de J. J. Benítez.)

MALENI

El caso protagonizado por Maleni Franconeti me dejó igualmente impresionado. Nos recibió en su casa, en Arahal (Sevilla. España).

—Era verano —inició su explicación—. Año 1980… Serían las siete de la tarde… Sufrí una crisis asmática y mi esposo me trasladó al centro de salud de Arahal… Ya en el centro de salud sufrí un desmayo y empecé a ver a los médicos y a las enfermeras… Yo estaba fuera de mi cuerpo… Vi cómo cortaban el vestido y cómo me entubaban… Trataban de reanimarme… Entonces fui a sentarme en un banco de la sala… Y vi a mi marido y a mi hija, fuera, llorando… Pero yo estaba feliz… No entendía por qué lloraban… Yo no quería volver a mi cuerpo… Repito: me encontraba feliz, como nunca… Y vi cómo me metían en una ambulancia para trasladarme al hospital Valme, en Sevilla… Me quitaron los pendientes y se los dieron a mi hija… Tardaron tres horas en llegar al Valme… Cada poco paraban y me reanimaban… «¡Se nos va!», decían… Yo entraba y salía de mi cuerpo… Y vi la autovía, y los coches, y el olivar… Estaba oscureciendo… Y en eso vi a mi abuelo, Cristóbal Mejía… ¿Cómo era posible?… Cristóbal murió cuando yo tenía trece años… Entonces caminó hacia mí… Vestía un pantalón de pinza y una camisa clara… Detrás del abuelo vi una gran luz… Nos abrazamos… Era un cuerpo físico… Detrás de aquella luz se oía ruido, como de gente, y el sonido del agua, como si fuera una cascada… Me dio la mano y caminamos, rápido, hacia la luz… Y mi abuelo dijo: «No es el momento. Tienes que volver»… Pero yo me negaba: «No quiero regresar»… Y al llegar a la gran luz escuché una voz que decía: «No es el momento»… Era la voz de un hombre… Entonces desperté… Me encontraba en el hospital… Y lloré amargamente… Yo no quería volver… Allí era feliz… Allí sentía amor… Amor por todas partes… Era una sensación muy superior al amor humano… No sé cómo describirlo.

Esa felicidad permanente, experimentada por Maleni durante la parada cardíaca que provocó la crisis asmática, le llevó en 2022 a un intento de suicidio. No tuvo reparo en contarlo:

—Fui tan feliz durante aquella experiencia que solo deseaba volver.

—¿Podrías describir esa felicidad?

—No. No hay palabras. Te llena desde el primer instante. Es inmensa. Y la paz interior ocupa toda tu mente. Ahora entiendo la vida. Es una experiencia, una aventura… Pero estoy deseando regresar.

Se puede decir más alto pero no tan claro.

Maleni.
(Gentileza de la familia.)

Cristóbal Mejía, abuelo de Maleni.
(Gentileza de la familia.)

DAMIÁN

En enero de 2009 tuve el placer de conocer a Damián, un español residente en la República Dominicana. Era propietario del Pulpo cojo, uno de los mejores restaurantes de Punta Cana. Fue allí donde me contó su «experiencia cercana a la muerte»:

—Ocurrió hace mucho —manifestó—. Yo era joven. Vivía en Mallorca. Me gustaba el buceo y un día tuve un problema. Perdí el conocimiento y, de pronto, me vi en el interior de un túnel.

—Descríbelo…

—Era estrecho y larguísimo. Al fondo se distinguía una luz muy potente. Yo volaba en el interior. Entonces los vi… Al fondo del túnel aparecieron un centurión romano y un indio piel roja a caballo.

No supe qué pensar ni qué decir. Y Damián insistió:

—Te lo juro… Era un centurión romano, con sus armas y escudo rectangular. Se tocaba con un casco brillante y unas plumas rojas muy altas.

Le creí. Damián era un hombre con los pies en el suelo. Ni en mil años hubiera podido inventar algo así. Y me pregunté: «¿En las "experiencias cercanas a la muerte" se puede "viajar" al pasado?».

Damián, a la derecha, con Juanjo Benítez. (Foto: Archivo del autor.)

PETRA

En abril del 2015, Vicente Granell me contó una «experiencia cercana a la muerte», vivida por Petra, su madre. He aquí el caso, resumido:

> El 23 de julio del año 2011 se le paraba el corazón a mi querida madre… Llegó a registrar cuatro o cinco latidos por minuto… Pensamos que fallecía… Pero, al cambiarla de una ambulancia convencional a una tipo UVI, los sanitarios consiguieron recuperarla… Y, poco a poco, merced a un marcapasos, logró recuperarse…
>
> Con el paso del tiempo le pregunté «si había visto la luz»… Mi madre respondió afirmativamente… Dijo que, durante ese periodo en el que estuvo casi muerta, vio una luz limpia, blanca, radiante y especial… Una luz que no había visto nunca… Y ahí quedó la cosa… Yo di gracias a Ab-bā…
>
> Pasado un tiempo volví a preguntarle por aquella experiencia… Y ella respondió: «Sí, hijo, vi la luz»… Y comentó algo más sorprendente… Según mi madre, cuando se dirigía hacia la luz, aparecieron unos angelitos de pequeño tamaño que empezaron a jalarle en dirección contraria a la que ella llevaba… Tiraban de ella de los brazos o de los pies (eso no lo recuerda) y le gritaban: «¡Nooooo!»… Y así la hicieron retroceder… Finalmente despertó.

Me interesé por algunos detalles y Vicente, amabilísimo, explicó que sí, que su madre vio un túnel. Por él navegaba o flotaba. En cuanto a la luz blanca, Petra aclaró después que se trataba de una luz azul.

Lo de los angelitos de pequeño tamaño resulta asombroso. Y me inclino a creer que, como en el fenómeno ovni, en el «más allá» también hay teatro. Puro teatro...

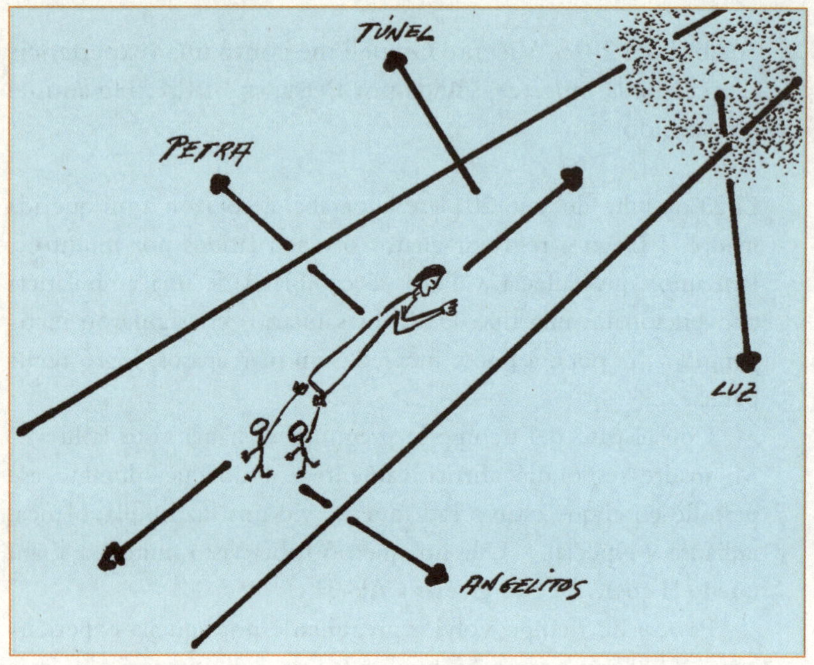

Unos angelitos enanos tiraban de Petra y le gritaban: «Nooooo».
(Cuaderno de campo de J. J. Benítez.)

GLORIA

Gloria Menjíbar me escribe desde El Salvador y cuenta lo siguiente:

El 29 de diciembre de 1970, a la edad de 15 años, caí gravemente enferma... El doctor Guillermo Rivera no daba esperanzas... Y el 31 de diciembre, a eso de las cinco de la mañana, caí en coma... A las tres de la tarde era declarada clínicamente muerta... Entonces sentí que mi cuerpo se ponía liviano... Y salí del cuerpo físico... Vi a mis padres, desesperados, llorando de forma incontrolable... Médicos y enfermeras trataban de revivirme, pero era inútil... Mi hermana gemela quedó como petrificada... Ni lloraba ni gemía... De repente vi a una serie de personas que habían fallecido antes: mis abuelitos paternos, amigos y otros familiares... Y apareció una luz que me jalaba hacia un túnel... Entré en ese túnel y fui flotando hasta llegar a un lugar muy hermoso... El túnel era un lugar oscuro... Pero, al salir del mismo, me vi envuelta en aquella luz preciosa... Llegué a una especie de jardín y me desplacé por él... En un extremo distinguí un puente de piedra... Al fondo se alzaba una figura muy luminosa, con destellos dorados y plateados... Pero no pude distinguir el rostro... A su derecha vi claramente a mi padre... A la izquierda de aquel ser luminoso se encontraba el hermano gemelo de mi padre... Mi padre, entonces, se adelantó e intentó darme la mano con el fin de ayudarme a cruzar el puente... Pero, cuando estaba a punto de reunirme con él, surgieron unas voces que me ordenaron que regresara... «No es tu tiempo», decían... Y una gran fuerza me obligó a volver al túnel... Yo no quería... No lo deseaba... Allí se estaba muy bien... Regresé al túnel y volví a esta realidad... Le contaré también algo curioso: todo esto sucedió el 31 de diciembre... En esos momentos, mi padre y mi tío vivían... Papá murió cuarenta y dos días después de mi experiencia y mi tío se fue cincuenta días más tarde... Me sometí a toda clase de pruebas (exámenes psiquiátricos y regresiones hipnóticas con el doctor Estévez Ulloa), así como al control del detector de mentiras... Todos los exámenes confirmaron la veracidad de lo que contaba.

Yo tampoco dudo del relato de Gloria. Y voy más allá: en las «experiencias cercanas a la muerte» es posible «ver» el futuro. Gloria vio a su padre y a su tío –fallecidos– aunque faltaban semanas para sus muertes.

¡Qué maravilla!

ANTONIO

Ana Torres me escribe en agosto del año 2017, desde Almería (España). Y dice textualmente:

... Mi padre se llamaba Antonio Torres Cara... Murió el 9 de octubre de 2014... Si tuviera que describirlo en dos palabras le diría que era una persona honesta y con carácter... Esto le hizo ganar el respeto de cuantos le conocían...

Me pide que le cuente cómo fue la «experiencia cercana a la muerte» que le tocó vivir... Antonio padecía una miocardiopatía dilatada... A finales de los años setenta sufrió una hemorragia digestiva... Llegó ai hospital con una gran pérdida de sangre... Al hacerle la transfusión entró en parada cardíaca... Siempre contó lo mismo: la muerte era la sensación más dulce que había experimentado nunca... En un primer momento se vio en el techo de la habitación... Vio su cuerpo en la camilla y cómo llevaban a cabo las maniobras de reanimación... Era consciente de la situación y tenía en mente a mi madre y a nosotras, que éramos pequeñas... Pero eso pasó a segundo plano cuando notó cómo su cuerpo flotaba y cómo empezaba a moverse en el interior de un túnel... Al final de ese túnel distinguió mucha luz... Llegó al término de dicho túnel y entró en lo que él definía como una pradera... Lo definía como el lugar más hermoso que había visto jamás... Los colores eran desconocidos y maravillosos... La paz era inmensa... Vio gente que le saludaba, como si estuvieran esperándole... Eran rostros conocidos... Otros no... Le sonreían e iban vestidos con ropas de tonos claros...

Él deseaba permanecer en aquel lugar, pero una voz que procedía de la gran luz le ordenó que regresara… Entonces sintió cómo una poderosa fuerza lo envolvía, como si fuera un torbellino, y despertó en la habitación del hospital… El regreso —decía— tuvo lugar a gran velocidad… En sus últimos meses de vida, manteniendo su estado mental en perfectas condiciones, él mismo se extrañaba porque empezó a ver gente en la casa… Le preguntábamos y él respondía que era gente normal… Pero, al tratar de comunicarse con ellas, se desvanecían… Poco antes de morir dejó de verlas.

La experiencia de Antonio Torres me recordó mi propia experiencia, en julio del año 2002, cuando sufrí la rotura de una de las arterias a la hora de practicarme un cateterismo. En efecto, «la muerte es una sensación dulce». Yo la defino como el dulce sueño de la muerte. Morir es eso: apagar la luz y dejarse llevar por la dulzura de un breve sueño.

Antonio Torres.
(Gentilez de la familia.)

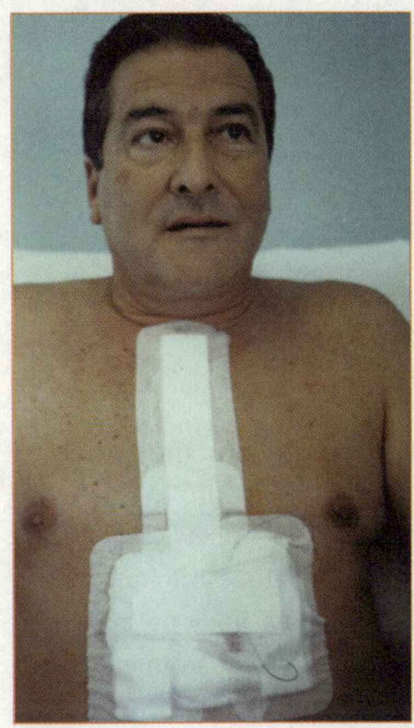

Juanjo Benítez, en el Hospital Puerta del Mar, en Cádiz, donde fue sometido a una operación a corazón abierto. Estuvo a punto de morir. Él define la muerte como «un dulce sueño». (Foto: Archivo del autor.)

Imagen de la Virgen del Rocío, aparecida misteriosamente en la cabecera de la cama en la que se encontraba Juanjo Benítez. Horas antes había sido operado a corazón abierto. «No conseguí averiguar quién depositó la estampa en la cabecera de mi cama.» Como decía el Maestro: «Quien tengas oídos que oiga».

ANDREAS

Conozco a Pedro Lloberas desde hace muchos años. Vive en Barcelona (España). En enero de 2014 me contó lo siguiente:

... En septiembre de 2012 tuve un infarto de miocardio que resultó muy extenso... La verdad es que, al principio, no le presté mucha atención... El dolor empezó a las 16 horas, aproximadamente, pero hasta la una de la madrugada no decidí ir a urgencias... El dolor desaparecía y regresaba con más fuerza... Me hicieron un cateterismo... Permanecí un día en la UCI y me trasladaron a planta... Allí estuve siete días... Y justo la víspera del alta, al despertar por la mañana, me desmayé... Al caer me fracturé el peroné... Menos mal que estaba conmigo Mari Carmen... Llamó a gritos a las enfermeras y, al poco, los médicos lanzaron un código azul... El desmayo fue provocado por una rotura cardíaca... Tuve dos paros cardíacos... El segundo de más de siete minutos... Me operaron, con la certeza de que no tenía muchas posibilidades de sobrevivir... La operación duró tres horas... Los médicos estaban desconcertados... Las roturas cardíacas son difíciles de superar... En mi caso, querido Juanjo, no vi ningún túnel... Tampoco observé ninguna luz blanca ni tuve la sensación de tranquilidad o de paz de la que hablan los que han experimentado una ECM... Pero, estando anestesiado, vi a mi madre y al añorado Andreas Faber Kaiser... Y escuché sus voces... Mi madre, como sabes, falleció en Andorra de infarto fulminante... Andreas partió en 1994...

Faber Kaiser fue un destacado investigador, amigo de Pedro Lloberas.

> Ambos —prosiguió Pedro— estaban juntos… Lo curioso es que mi madre y Andreas no se conocían… Yo le había hablado a mi madre de sus libros, de sus investigaciones en el tema ovni y de su programa de radio… Aquello pudo durar cinco o seis segundos… Se hallaban en algún lugar que no supe identificar… Había un fondo blanco difuminado… Los dos estaban juntos, de pie, y a escasa distancia… Oí tres palabras, en catalán: «Dejémosle» y «Aún no»… No sé quién las pronunció… No sé si hubo más… No lo recuerdo… Todo fue muy real… Te juro que no fue un sueño… Además tengo entendido que, cuando estás anestesiado, no sueñas.

La «experiencia cercana a la muerte» de Pedro Lloberas es atípica. Mi amigo es un hombre serio, de absoluta credibilidad. Si él dice que vio a su madre y a Faber Kaiser mientras permanecía anestesiado, así fue.

Andreas Faber Kaiser en una investigación en Costa Rica (1985). (Foto: J. J. Benítez.)

Pedro Lloberas.
(Gentileza de la familia.)

Madrona Puigbó, madre de Pedro Lloberas. (Gentileza de la familia.)

Faber Kaiser (izquierda) y J. J. Benítez. (Foto: Enrique Marín.)

LA CORTINA

Tuve conocimiento del caso de Antonio Gómez Martín por el abogado Javier Castillo. Después me habló de Antonio el investigador Tomás Santiago. Y viajé a Jaraíz de la Vera, en Cáceres (España). Allí conversé con el protagonista durante horas. Antonio era naturópata, acupuntor, masajista e iridiólogo.

Practicaba, además, las artes marciales (cinturón negro en kárate) y daba clases a profesionales de la seguridad.

—Ocurrió el 22 de mayo del año 2011 —explicó Antonio—. Esa mañana viajé a Cáceres capital con la intención de participar en un curso de homologación de cinturón negro (primer dan de Defensa Personal Policial). Noté ciertas molestias en la espalda y en el estómago, pero no le di importancia. Todo fue bien, aunque noté un malestar general, sobre todo a la hora de caer al suelo.

—¿Qué hora podía ser?

—Quizá media mañana. Llevé a cabo los exámenes y noté que estaba agotado Solicité un descanso, retrocedí unos pasos y, de pronto, caí de rodillas sobre el tatami. Entonces di un grito y caí hacia atrás. De repente vi y sentí un fogonazo. Era una luz muy intensa que me cegaba. Me tapé los ojos, los froté, pero seguí sin ver absolutamente nada. Estuve así mucho rato…

—¿Cuánto?

—No sabría decirte… Mucho. Entonces, lentamente, recuperé la visión. Estaba sumergido en una luz que no molestaba a la vista. No era como el fogonazo inicial, pero la intensidad era extraordinaria. Y empecé a observar a mi alrededor. A mi lado se encontraba un hombre de unos cincuenta años, de baja estatura, con el pelo canoso y vestido con un traje gris claro. Los zapatos eran negros.

—¿Y qué pasó con la gente del pabellón?

—Ni idea. Yo estaba en otro lugar. Aquel hombre me miró y exclamó con gran serenidad: «¡Bienvenido a casa, amigo mío!». Y yo pregunté: «¿Dónde estoy?». Y él respondió: «¡Estás en casa!». Como puedes imaginar, mi confusión iba en aumento. ¿Mi casa? Mi hogar, mi mujer y mis hijos estaban en Jaraíz.

—¿Y qué pasó?

—A cosa de diez pasos distinguí a un grupo de hombres. Estaban atareados con alguien que aparecía tumbado en el suelo. Le ayudaban. Y sin mediar palabra con el hombre de los zapatos negros (al que llamaré «H») me fui hacia el grupo. A pesar de estar tan cerca de aquellos hombres, necesité mucho tiempo para llegar a ellos. No sé explicarlo. Estaban agachados y, como te digo, intentaban ayudar al tipo que yacía en el suelo. Le gritaban y le daban masajes en el pecho. Hablaban entre ellos y decían que no había nada que hacer.

—¿Le viste la cara al que estaba en el suelo?

—En esos momentos no. Uno de aquellos hombres no paraba de golpear el pecho del que seguía desmayado o muerto y le gritaba: «¡Vuelve, por Dios! ¡No me hagas esto!». Otros lloraban. Decidimos retirarnos, para no molestar, y pregunté a «H» qué estaba pasando. «Nada que deba preocuparte —replicó con aquella calma infinita—. Todo está bien». Caminamos unos pasos y me encontré en un lugar que no sabría describir. Era un sitio brillante, con mucha luz… Vi a gente. Caminaban. Conversaban. Leían. Otros aparecían sentados. Yo seguía perplejo. No sabía dónde estaba ni quiénes eran aquellas gentes. E intenté fijarme en las personas con el fin de averiguar si las conocía. Negativo. No conocía a nadie. En esos instantes, «H» me cogió por la muñeca y me miró con gran dulzura. Y empezamos a caminar.

—¿Estás seguro que no era un sueño?

—Completamente. Aquel lugar, «H», todo era real. Más real que la vida misma. Todo era tranquilo. Todo respiraba paz. Interrogué a mi amigo nuevamente y replicó, al tiempo que se encogía de hombros: «Tranquilo… ¡Ahora estás en casa!». Como te digo, no entendía nada. Y pregunté y pregunté: «¿De qué hablas?». Volvió a sonreír y declaró: «Todo está bien… ¡Ahora estás en casa! No te preocupes». Entonces me dirigí al lugar en el que se hallaba aquel hombre desmayado o muerto. «H» me seguía, pegado a mí. Entonces me detuve y le pregunté: «¿Por qué me sigues?». No respondió. Y llegamos a la escena en cuestión. Cuatro o cinco hombres seguían intentando reanimar al caído en el suelo. Traté de ver el rostro del «muerto». No lo conseguí. Siempre se interponía alguien. Entonces sentí que me agarraban de un brazo y tiraban de mí. Era «H». Ordenó que nos alejáramos. No obedecí. Él asintió con la cabeza y sonrió, permitiendo que me asomara. Quedé desconcertado. ¡El individuo que yacía en el suelo era yo!

—¿Qué hiciste?

—Estaba confuso. No entendía nada de nada. «H» me tomó de la mano y caminamos.

Insistí y solicité a Antonio que me proporcionara detalles sobre aquel lugar.

—No vi casas, ni automóviles ni tampoco animales. No vi ancianos o niños. Era un lugar lleno de luz. Todos eran jóvenes. Todos parecían felices.

—¿Observaste el sol?

—No, no vi ningún sol. Tampoco noté el viento. Sí percibí que yo había cambiado.

—¿En qué sentido?

—Me sentía VIVO, feliz, muy alegre. No me dolía nada. La espalda, que me había molestado durante años, aparecía perfecta. ¡Qué sensación! Si estaba muerto, ¡alguien nos ha engañado! La muerte no existe. Seguí notando la mano de «H» y comprendí: aquel personaje era una especie de guía en el «más allá». El hombre se dio cuenta, creo que leyó mis pensamientos, me guiñó un ojo y declaró: «Tranquilo... Tómate tu tiempo. Aquí nos sobra». No tengo palabras para describir aquella nueva sensación. Desplazarse era como volar. Pensar era vertiginoso. No puedes imaginar, Juanjo, cómo es el «más allá». Ni en mil años podría describirlo. No tenemos las palabras adecuadas. No existen.

—¿Y qué ocurrió?

—Vi a otro grupo de gente, muy cerca. Hablaban. Los examiné detenidamente y, en efecto, reconocí a una de las personas. Era un familiar mío, fallecido siete meses antes. Alzó la mano y me saludó. Le correspondí. Era José, tío de mi mujer. Vestía como en la Tierra. Parecía feliz. Me dirigí a «H» y exclamé: «¡Esto es increíble, amigo mío!». Y él contestó: «¡Esto no ha hecho más que empezar!». Entonces ocurrió algo extraño. En esos instantes me vino a la cabeza la delicada situación de mi mujer y de mis hijos. Tenía que regresar y comunicarles que estaba bien. Así se lo hice ver a mi amigo. «H» no dijo nada. Insistí y el hombre aseguró «que eso no podía ser, yo estaba en casa y, por el momento, no disponía de autorización para volver». Supliqué y rogué que me dejara regresar a la vida. La respuesta fue la misma: «Eso no es posible».

—¿Querías regresar?

—Necesitaba decirle a mi esposa que la muerte no existe, que me encontraba feliz... Pero «H» no prestó atención a mis súplicas. Y caminamos hacia un lugar muy raro, con una luz extraordinaria. Era una cortina de burbujas. Subían y bajaban. La gente entraba en aquella cortina y no regresaba.

—¿Burbujas?

—Eso me pareció. Eran bolas de luz o algo similar. Supongo que se trataba de una especie de puerta. Comprendí. Si traspasaba aquella cortina, no podría volver a Jaraíz. Me dirigí de nuevo al guía y le dije: «Te suplico que me dejes ver a mi mujer... Quiero decirle que estoy bien... Si no puede ser, llévame a la presencia de alguien que pueda permitírmelo... Te aseguro que necesito verla y contarle que estoy bien... ¡Por favor, ayúdame!». Y él, sonriendo, replicó: «No puedo hacer nada por ti en ese aspecto... Mi deber es llevarte hasta el lugar en el que debes estar… Y créeme que es lo mejor que te puede pasar y que yo tengo el honor de hacer por ti». Insistí pero él se limitó a sonreír. Y caminamos hacia la cortina. Me resigné.

—¿Tú sabías que al traspasar la cortina no volverías a la vida terrenal?

—Claro. Y en esas estábamos cuando sucedió algo maravilloso. Lo vi acercarse. ¡Era mi abuelo Manolo, fallecido catorce años antes! Murió con setenta y siete años y, sin embargo, ahora, era un jovencito. Caminaba rápido y mirando al suelo. Creo que no me vio. Corrí hacia él, pero cuanto más corría, más lejos se hallaba mi abuelo.

—¿Qué hiciste?

—Llegamos frente a la cortina de burbujas luminosas y esperé. Las bolas subían y bajaban, como te dije. Era un espectáculo maravilloso. Las personas entraban en la cortina y se esfumaban. ¡Desaparecían!

—¿Era gente asustada?

—Al contrario. Estaban felices. Y al llegar a cosa de diez metros de la cortina, «H» colocó sus manos sobre mis hombros y aseguró: «¡Llegó el gran momento!… ¡Ahora estás a punto de entrar en casa!». Me dirigí a él y le dije que era muy feliz, como nunca me había sentido en mis cuarenta y cinco años en la Tierra, pero que necesitaba comunicarme con mi mujer. Y una lágrima rodó por mi mejilla. «H», compasivo, exclamó: «¡Espérame aquí!». Penetró en la cortina y desapareció. Y allí me quedé, sin saber qué hacer. No sé el tiempo que pasó…

—¿Llevabas reloj?

—No. En los ejercicios de kárate está prohibido.

—¿Y qué pasó?

—Entonces volvió «H» y preguntó: «Dime, ¿qué es lo que deseas?». Y respondí: «Quiero irme contigo, pero antes deseo ver a mi familia y decirle que estoy bien y que mi tiempo con ellos ha terminado. «H», entonces, explicó: «Está bien, vas a tener tu oportunidad… Después regresarás y cruzaremos juntos a la vida…

Volverás y podrás decirle a tu familia lo que quieras porque eso es lo que deseas y es lo que harás… Además tendrás la oportunidad de contarle al mundo que la muerte no existe».

Seguí las explicaciones de Antonio con expectación.

—Entonces me mareé. Me agarré a «H» y le dije que me sentía mal. De pronto estaba cansado. «H» aseguró que debía estar tranquilo. Me dolía el pecho y respiraba con dificultad. Era un dolor horrible. Terminé tumbándome en el suelo. Creí que me moría. Cerré los ojos y, de pronto, el dolor cesó. Noté golpes en el pecho. Alguien me aporreaba sin piedad. Al abrir los ojos vi a un individuo. Era el que me golpeaba. Y decía: «¡Ya vuelve!». Era Chema, uno de mis amigos e instructor de kárate. Había mucha gente a mi alrededor. Me senté y alguien me tendió una mano, ayudando a levantarme.

Fin de la historia de Antonio Gómez Martín. Un infarto lo llevó a las puertas de la eternidad. Y comprobó que la muerte es otra mentira de la religión y de la enferma sociedad en la que vivimos. En el año 2024 falleció y, seguramente, regresó frente a la cortina de bolas luminosas. Ahora sí es plenamente feliz.

En 2016 publicó un libro titulado *¡Ahora estás en casa!*, y dio a conocer su experiencia. En efecto: la muerte no existe.

Antonio Gómez Martín (izquierda) con J. J. Benítez en Jaraíz de la Vera (Cáceres), 2022.

Cortina de burbujas luminosas frente al testigo y al señor «H». (Cuaderno de campo de J. J. Benítez.)

ÁNGELES DE DOS METROS

En el año 2021, Piedad Salomón, una de las mejores pintoras del mundo, me avisó de la «experiencia cercana a la muerte» vivida por Randy Kay. Lo localicé en California y, en efecto, confirmó lo anunciado por Salomón. En síntesis, esta fue su vivencia:

> Tuve un problema y permanecí en muerte clínica durante varios minutos... Salí de mi cuerpo y me vi en el interior de un largo túnel muy luminoso... Y volé hasta el fondo... Entonces llegué a un lugar desconocido... Vi montañas y seres extraños... Me asusté y llamé a Jesús de Nazaret... Entonces se presentó aquel ser y yo caí de rodillas... El ser me tomó por los hombros y me invitó a alzarme... Pasó su brazo izquierdo sobre mí y repitió la palabra «confía»... Lo hizo dos veces... Me hablaba sin palabras: telepáticamente... Vi en su mirada puro amor... Era un hombre alto, con barba cuidada, piel blanca y el cabello castaño sobre los hombros... Los ojos eran de color miel... Vestía una túnica blanca... Caminamos y Él fue mostrándome aquel lugar, hermosísimo... Allí vi ángeles de dos metros de altura, con los brazos muy largos, por debajo de las rodillas... Presentaban unos ojos luminosos... Me decían cosas —también telepáticamente—, pero no entendí... El lugar era como un pueblo... Allí no hay razas ni clases sociales... Algunos se dedican a cuidar a los niños no nacidos en la Tierra... Los educan y les ayudan a crecer... Entre aquella gente descubrí a mi abuela materna, muerta años atrás... La vi muy joven... Es un

lugar precioso y fascinante donde todo crece sin cesar… Allí no existe la muerte… Después desperté.

La descripción de Kay me recordó al Jesús de Nazaret de «Caballo de Troya». Otro misterio. Randy Kay nunca leyó esos libros. No están traducidos al inglés.

Imagen del Maestro, tal y como aparece en los «Caballos de Troya». Fue entregada a J. J. Benítez en 1984.

MURIÓ TRES VECES

El caso de Dannion Brinkley, antiguo marine del ejército norteamericano, me impresionó. Tuvo tres experiencias cercanas a la muerte. La primera ocurrió en 1975. Mientras hablaba por teléfono, un rayo cayó sobre el cable, le entró por la cabeza (a la altura de la oreja) y descendió por la columna vertebral. Perdió el conocimiento durante veintiocho minutos. En ese tiempo se vio fuera de su cuerpo, flotando sobre la ambulancia que lo trasladaba al hospital. Vio y escuchó a los sanitarios. Lo dieron por muerto. De hecho fue ingresado en la morgue. Y allí despertó. Al salir del cuerpo, Dannion penetró en un larguísimo túnel. Allí le fue mostrada su vida, «como en una película». Según el testigo, ese repaso a su vida «fue especialmente humillante». En ese repaso —según el testigo— pudo comprobar «las muchas estupideces que cometió». Nadie le juzgó. «Me limité a mirar y yo mismo juzgué.» En esos instantes, Dannion comprendió el mal que había hecho con sus idioteces. «Sentí vergüenza. Siempre fui un arrogante y un violento.» El marine necesitó dos años para recuperarse del impacto del rayo.

En 1989, a lo largo de una cirugía cardíaca, el soldado vivió una segunda ECM. Volvió a ver el túnel y un «lugar especial», como un bello jardín, en el que todo el mundo es plenamente feliz. «Los colores eran rabiosamente vivos.» Según Dannion, le costó regresar. En realidad no quería volver a su cuerpo. Una fuerza extraña y poderosa lo envolvió y lo arrastró por el túnel, devolviéndolo al quirófano.

Años después vivió una tercera «experiencia cercana a la muerte», muy similar a la primera, sin revisión de su vida. «Si yo no fui al infierno —resumió el marine—, a pesar de mi pésimo comportamiento, es que el infierno no existe; por tanto, nadie va al infierno.»

Estoy totalmente de acuerdo con Dannion: el infierno no existe. El infierno fue un interesado invento de la iglesia católica. Al «otro lado» nadie juzga.

Dannion Brinkley. (Archivo: © Mintaha Neslihan Eroglu/Anadolu Agency/Getty Images.)

MUCHA PAZ

Gloria Jiménez me escribió en enero del año 2021. Contaba una «experiencia cercana a la muerte». Viajé a Navarra y conversamos.

—Ocurrió el 5 de enero del 2008 —explicó Gloria—. Acudí con mi marido a un pueblo cercano a Pamplona, pero no pudimos entrar en la casa. Mi marido había olvidado las llaves en la casa de su madre. Total: subió por la pared. Yo le empujé pero, en el impulso, arrancó un ladrillo y este me golpeó en la boca. Perdí el conocimiento durante un tiempo. Y me vi fuera de mi cuerpo. Subía y subía…

—¿Viste algún túnel?

—No lo recuerdo. Y, conforme ascendía, vi una luz muy clara. Tuve una maravillosa sensación de paz. Nada me dolía.

El ladrillo que golpeo a Gloria le rompió el labio superior y un total de doce dientes.

Entonces noté una mano —prosiguió la mujer—. Me acarició la cara y desperté. Mi hija gritaba. Me llevaron a urgencias a Lodosa y me atendieron muy bien. Nunca he sentido una paz tan intensa.

Morir significa vestir la piel de la paz eternamente. Pero ahora no podemos comprenderlo.

Gloria y Juanjo Benítez.

EL CIELO EXISTE

Eben Alexander —prestigioso neurocirujano norteamericano— vivió otra «experiencia cercana a la muerte». Su testimonio conmocionó al mundo.

Pude localizarlo en Nueva York merced a las buenas gestiones del investigador Virgilio Sánchez-Ocejo. Este fue el testimonio de Eben:

> … Yo era escéptico en todo ese asunto del «más allá»… Pero un día, en 2008, como consecuencia de una meningitis, entré en coma… Permanecí en ese estado durante una semana… Al despertar recordé algo que, por supuesto, no fue un sueño… «Viví» en un lugar que no puedo describir… No hay palabras… Era un lugar más allá de las nubes… No había sol, pero la luz era muy intensa y dorada… Vi seres no humanos y escuché sonidos nunca oídos… Me acompañó todo el tiempo una mujer joven, muy guapa, de ojos celestes, que me trasmitía mensajes telepáticos… «No tienes nada que temer —me decía—. Nada va a salir mal. Te enseñaremos muchas cosas aquí, pero ahora debes volver»…» Y desperté del coma.

Eben escribió un libro de gran éxito: *El cielo existe*. Y apareció en la portada de la revista *Newsweek*, relatando esta experiencia. Eben afirma que está en condiciones de resolver el debate sobre la existencia de Dios. ¡Pobrecito!

Eben Alexander, neurocirujano.
(Archivo: © Deborah Feingold/Corbis / Getty Images.)

7210

El 7 de noviembre del año 2000, J. Lauret me escribió un largo correo electrónico. En él detallaba una extraña vivencia, muy próxima a las «experiencias cercanas a la muerte». He aquí una síntesis:

> … Todo comenzó en un viaje de trabajo a París… Me hospedaba en el hotel Royal (habitación 500), muy cerca del Arco del Triunfo…
>
> Hacia la una y media de la madrugada del 28 de octubre del año 2000 me hallaba en mi habitación, acostado… Tenía la luz apagada… No podía conciliar el sueño… Estaba preocupado… Tenía que levantarme a las seis de la mañana para desplazarme al aeropuerto de Orly… En esas estaba cuando escuché una voz que me susurraba al oído un número: el 7210… Y lo deletreaba… Pensé que estaba soñando, pero no… Lo repitió por segunda vez, también deletreándolo… No pude distinguir si era la voz de un hombre o de una mujer… Hablaba un castellano perfecto…
>
> Me asusté y prendí la luz… Pero todo estaba bien… Me acosté de nuevo y ahí empezó todo…
>
> Al apagar la luz, la habitación se precipitó hacia abajo a una gran velocidad… Yo veía la caída como si estuviera en el hueco de un ascensor… Al mirar para arriba no veía el techo de la habitación… Solo un inmenso hueco oscuro… Los muebles, sin embargo, seguían allí, en su sitio… Pensé que había muerto y empecé a rezar… Pasados unos dos o tres minutos, la habitación se detuvo

suavemente y llevó a cabo un giro de 90 grados… En esos instantes empecé a viajar por un túnel estrecho y a una velocidad impresionante… Volaba hacia arriba, hacia abajo… Curvas a un lado, curvas a otro… En el túnel, a mi paso, surgían energías (como líneas de colores) que proporcionaban algo de luz al lugar… Se reunían delante de mí y, a mi paso, se abrían… Eso pudo durar unos tres minutos, más o menos…

Pasado ese tiempo, todo empezó a pararse y, de repente, me vi en lo alto de una montaña verde, con agua, un cielo azul y un sol fenomenal… No percibía el viento… Tampoco sentía frío o calor… Y empecé a serenarme, aunque pensaba que me había ocurrido algo grave…

Y decidí bajar a un valle… Lo hice volando… Entonces escuché la voz de una persona… Giré la cabeza y vi a un hombre muy conocido en España (cuyo nombre no mencionaré)… Parecía más joven… No sé qué pintaba allí… Después de intercambiar un saludo, pensando que yo estaba muerto, le comenté que me hablase del universo… ¿Cómo era?… El hombre importante dijo que eso estaba hecho y me habló de tres universos… ¿Cuál quería conocer?… Le dije que el primero… Empecé a volar y me adentré en ese primer universo… Veía luces, como estrellas… Y en eso descubrí una masa negra —como tinieblas— que avanzaba hacia mí… Me entró miedo y regresé al lugar del que había partido… El personaje importante ya no estaba allí… Entonces decidí caminar por un sendero…

Al cabo de un rato llegué a una especie de pradera con bancos y mesas de madera… Había mucha gente… Conversaban… Noté que predominaban las mujeres (quizá de cincuenta o sesenta años)… Algunas presentaban pequeñas cicatrices en la cara… No vi animales… Me uní al grupo y pregunté qué hacía yo allí… Una mujer respondió que me pellizcara en la oreja o en el rostro… Si no despertaba en mi habitación, es que estaba muerto… Me pellizqué, pero seguía en aquella pradera…

Recuerdo que me enfadé y no solo por mi situación; sobre todo por mi mujer e hijos…

Seguí caminando y me adentré en un pueblo muy agradable… Y empecé a cruzarme con mucha gente… Pero no reconocí a nadie… Y, de pronto, volví a encontrarme en aquel agujero negro y de regreso a la habitación del hotel… Encendí la luz y vi que todo estaba en orden… Me lavé la cara en el baño, me senté delante del escritorio y escribí aquel número: 7210… Me fumé un par de cigarrillos y noté que me ponía nervioso… No sabía qué había ocurrido… Eran las tres de la madrugada… Aquella extraña experiencia pudo durar unos veinte minutos…

Decidí volver a acostarme… Al día siguiente trataría de evaluar lo sucedido…

Apagué la luz… Me tapé y volvió a ocurrir… Caí de nuevo por el «hueco del ascensor», pero a mayor velocidad… Tuve que sujetar el estómago y los pulmones… Parecía que fueran a salirse del cuerpo… Y efectué el mismo recorrido hasta llegar al pueblo… Caminé y vi a la gente, pero no reconocí a nadie… Tuve la sensación de haber sido llevado al lugar a la fuerza… Y me enfadé muchísimo…

Continué caminando y, de pronto, fui a cruzarme con una niña preciosa, de unos tres años de edad… La niña dijo ser mi hija… La aparté de mi lado y le dije que no tenía hijas de esa edad… Una tiene veinte años, otra catorce y un niño de tres… El año pasado, en el sexto mes de gestación, mi mujer perdió al bebé (una niña)… En esos momentos, mi esposa estaba embarazada de ocho meses (un varón)…

Poco después, al pasar cerca de una casa, vi por la ventana a mi mujer… Aparentaba más edad de la que tiene… También vi a mi hija Marta (catorce años), a mi hijo Pablo (de tres años) y a otro niño que, supuestamente, es el varón que nacerá en diciembre…

Empiezo a agobiarme y se produce un nuevo regreso a la habitación… Son las cinco de la madrugada…

No entiendo nada… Lo que sé es que me encontraba despierto y en plenas facultades físicas y mentales…

Me duché, salí del hotel y me dirigí en taxi al aeropuerto. Y regresé a Málaga.

Me siento incapaz de interpretar las experiencias del amigo J. Lauret. ¿Fue una múltiple «experiencia cercana a la muerte»? Según el testigo, su salud era perfecta. Y tampoco fue un sueño. En la experiencia, además, aparece un grave error. No hay tres universos. Según mis noticias son siete. Quizá el lector, en su interpretación, tenga más suerte que yo.

CAFRUNE

Tuve el honor y la satisfacción de conversar con Jorge Cafrune en octubre de 1973. Yo trabajaba como reportero en *La Gaceta del Norte*, en el País Vasco (España). El magnífico cantautor argentino me contó muchas cosas. Una de ellas no me atreví a publicarla. He aquí una síntesis:

—Los militares argentinos me odiaban. Un mal día me siguieron con una furgoneta y me embistieron. Yo montaba a caballo. Al caer a tierra, sin conocimiento, tuve una visión. De pronto me vi fuera del cuerpo. Flotaba en un túnel negro y muy largo. Yo estaba desnudo. Una luz muy poderosa tiraba de mí.

—¿Cómo era ese túnel?

—Largo y estrecho. Muy negro. El silencio era absoluto.

Y Cafrune prosiguió:

—Llegué al final del túnel y vi a un anciano. Vestía las típicas ropas del gaucho. Leía un gran libro blanco. El libro descansaba sobre un atril luminoso. Pero, ¡che!, ¡ese anciano era yo! Y mi doble, o lo que fuera, grito: «¡No es tu hora!». Al instante, la misma luz que me arrastró por el túnel me devolvió a la pampa. Cuando desperté estaba en el hospital.

Asombroso. En 1978, Cafrune fue arrollado por una camioneta cuando montaba a caballo. Murió en el acto, y me planteo una duda: al parecer, a los responsables del «más allá» les fascina hacer teatro. ¿O no?

Cafrune vivió también una singular «experiencia cercana a la muerte». (Foto: Gras.)

Cafrune, paseando por Bilbao, cinco años antes de su muerte. (Foto: Gras.)

ENTRÓ EN UNA ESTRELLA

En cuanto supe de la «experiencia cercana a la muerte» de Dolores Franco me trasladé al pueblo sevillano de Coria del Río. Lola y Ramón Sosa, su marido, me dieron toda clase de explicaciones.

Sucedió el 23 de enero de 1991. He aquí una síntesis de lo ocurrido:

—Sufrí un *shock* anafiláctico —detalló la mujer— y nos dirigimos al ambulatorio de Coria. Llegamos hacia las doce del mediodía. Nos atendió el doctor Nakle. Me suministró dos inyecciones de Urbason y solicitaron una ambulancia para que me trasladara a Sevilla. Al parecer tuve una reacción alérgica. Me sentaron en una silla de ruedas y esperamos.

—¿Cómo te sentías?

—Muy mal. Pensé que me moría.

Según Ramón Sosa, su esposa empezó a rezar y a lamentarse:

—Se peleaba con el Corazón de Jesús —añadió el marido—. Y le preguntaba por qué le estaba quitando la vida. «¿Qué te he hecho?», decía. «Yo, todo lo que hago es el bien...» Y gritaba que no quería morir. ¿Qué iba a ser de mí y de nuestros hijos?

En esos momentos, Lola solicitó que la dejaran tranquila. Según ella, todo había terminado.

—Me pidió un beso —continuó Ramón—, y se lo di. Entonces entró en coma.

—En esos instantes —aclaró Lola— se terminó el dolor. Y pasé de un estado de agobio y miedo a otro de paz y felicidad absolutas. Fue entonces cuando salí de mi cuerpo y me vi sentada en la silla de ruedas. Giré la cabeza y, frente a mí, surgió una estrella de cinco puntas.

—¿Cómo sabes que tenía cinco puntas?

—Lo vi.

—¿Y qué pasó?

—Me metí en la estrella y aparecí en un prado de gran belleza. Las flores eran asombrosas. Y vi unas nubes y unos rayos luminosos que me empujaron hacia arriba. Allí, al final, había una luz muy intensa que me hizo parpadear. Y noté que alguien me tomaba por las axilas y tiraba de mí hacia abajo.

—¿Te viste a ti misma?

—Sí, vestía una túnica blanca. Entonces entré en mi cuerpo.

—¿De qué manera?

—Los pies entraron por la cabeza. Y ellos, los que me llevaban, empujaban y empujaban, hasta que encajé en mi propio cuerpo.

—¿Ellos?

—No supe quiénes eran. No les vi la cara. Pero me transportaban como si fuera una pluma.

—Al inyectarle la adrenalina —puntualizó el marido—, Lola recuperó el pulso y siguió gritando y rogando que la dejaran en paz. Después llegó la ambulancia y la trasladaron a Sevilla, al centro de García Morato.

Fin de la experiencia.

Al final de aquella larga conversación traté de explicar a Lola y a su marido lo que denomino «Ley del Contrato». Dolores Franco y Ramón Sosa comprendieron. Es absurdo levantar el puño contra Dios...

Dolores Franco.
(Gentileza de la familia.)

ARITZ

En una visita a Japón tuve la fortuna de conversar con Aritz Telletxea. Inma, mi esposa, y este pecador escuchamos —asombrados— la «experiencia cercana a la muerte» vivida por el muchacho cuando era un niño:

> … Ocurrió en verano, cuando me hallaba en segundo curso, en el instituto… Estaba en la casa de mis padres, en Santurce (Vizcaya. España)… Mi padre había colocado una barra en la entrada a la cocina… Mi hermano y yo la utilizábamos para hacer flexiones… Yo, en realidad, la usaba para colgarme boca abajo… Y un día me colgué de la barra, boca abajo… En la casa solo estábamos mi madre y yo… No sé qué pasó… Quizá la sangre no llegó bien al cerebro y perdí el conocimiento… Caí con estrépito, golpeando la mesa y el carro de la compra (lleno de patatas)… Y aquí empieza la experiencia… Aparecí flotando en una oscuridad total… Al fondo, a la derecha, vi un minúsculo punto de luz… Y una especie de palo muy largo y terminado en punta fue acercándose, desde abajo a la derecha, y terminó colocándose frente a mí… En medio del palo observé un rollo de película… Era un rollo cinematográfico y parecía unido al palo… El rollo empezó a girar a gran velocidad y vi mi vida, en fotografías… Pero solo me dio tiempo a ver dos diapositivas… En una se veía a un bebé, en pañales, sentado en una mesa… Supuse que era yo… La otra era una foto en el parque de atracciones de Port Aventura, cuando mi aita (mi padre) se montó conmigo en el Dragón Khan…

Yo podía tener unos doce años… Entonces abrí los ojos… Me encontraba en el regazo de mi madre… La mujer lloraba y me abrazaba… Yo sonreía… Y ella exclamó: «Y encima te ríes»… Y me dio una bofetada… Fue la única vez que mi madre me dio una bofetada.

De nuevo la «revisión» de la vida. Pero ¿algo falló? ¿Por qué Aritz solo acertó a contemplar dos instantáneas de su vida? A decir verdad, sabemos muy poco sobre el «más allá».

Un rollo cinematográfico apareció ante Aritz.
Se presentó unido a un largo palo. (Dibujo de Aritz.)

Aritz (izquierda) con J. J. Benítez en el metro de Kioto (Japón).
(Fotos: Inma Domínguez.)

«TORMENTA»

Se llama Gris, pero yo la bauticé como «Tormenta». La conocí en el año 2008 en Punta Cana (República Dominicana). Hicimos amistad.

El 30 de diciembre me contó la siguiente «experiencia cercana a la muerte»:

—Ocurrió en 1983. Yo tenía diez años. Fui con mi hermano al campo. Y nos dedicamos a comer unas semillas que llamamos «javilla». Es un fruto típico. Nosotros no lo sabíamos, pero es venenoso. Y nos intoxicamos. Nos llevaron al hospital Rodríguez y allí permanecí un mes. Fue en esa estancia en el hospital cuando perdí el sentido y me vi flotando en un túnel. Después aparecí en un camino. Estaba fuertemente iluminado. Y allí se presentó aquel hombre. Y, con las manos, indicó que no podía seguir, que regresara…

—¿Cómo era el hombre?

—Con largas barbas. Me sonrió. Y regresé.

Cuando interrogué a «Tormenta», la dominicana no había oído o leído nada sobre «experiencias cercanas a la muerte». Me pareció un testimonio de especial validez.

«Tormenta» y Juanjo Benítez, en Punta Cana. (Foto: Archivo del autor.)

«LO VEÍA TODO DESDE ARRIBA»

El caso de Manolo, alias «El torero», me fue narrado por Manuela Alejo, de Dos Hermanas (Sevilla. España) en julio del año 2014. El correo electrónico decía así:

... Trabajaba yo en una empresa... Entonces era telefonista... Hablo del año 79 o quizá 80... Yo contaba veintiún o veintidós años... Tenía un compañero que se llamaba Manolo, aunque todos le decían «El torero»... Manolo era una especie de conserje... Fue albañil... Tuvo un accidente y la empresa lo colocó en la recepción... De joven fue maletilla... Por eso le llamaban «El torero»... Hablábamos mucho... En una ocasión contó que, tras el accidente (se cayó de un andamio), él sabía que no se iba a morir. «¿Cómo es eso?», le pregunté... «Todo el mundo sabía que estabas muy mal. Prepararon, incluso, tu funeral»... Y el hombre me contó lo siguiente: «Manoli, me caí y lo vi todo: vi cómo me metían en la ambulancia, me vi en el hospital, vi cómo los médicos me metían agujas por todas partes, les oía decir que me moría... Vi y escuché a mi mujer cuando hablaba con el médico... Ella lloraba porque el doctor le decía que fuera preparándolo todo... Pero yo sabía que no me moría».

Le interrogué: «¿Cómo podías saber una cosa así?»... Y él respondió: «Yo lo veía todo desde arriba... Y estaba feliz... No me dolía nada... Estaba con una felicidad increíble... Y sabía que no iba a morir... Y aquí estoy»...

Me dejó perpleja... Manolo no sabía leer ni escribir... No tenía ni idea del «más allá» ni de las llamadas «experiencias cercanas a la muerte»...

Pasó el tiempo y Manolo enfermó y fue ingresado en el hospital Virgen Macarena de Sevilla... Mi cuñada había tenido un hijo y, cuando fui a visitarla, me crucé con uno de los hijos de Manolo... Acudí a la habitación y traté de darle ánimos... Él, entonces, me susurró: «¿Te acuerdas, Manoli, de lo que te dije una vez?... Yo, en aquella ocasión, sabía que no me iba... Ahora es diferente... Ahora sí me muero».

«El torero» falleció a los dos días...

Estoy seguro. Durante la ECM lo sabemos todo: presente, pasado y futuro.

UNA CARCAJADA FENOMENAL

José Alberto Eschoyez sufrió un grave accidente automovilístico en la costanera de la ciudad de Córdoba (Argentina) a finales de 1997. En una larga carta me contaba lo siguiente:

> … A raíz del accidente que sufrí el pasado 25 de noviembre estuve internado durante diez días y fui operado… El hombro izquierdo estaba arrancado y la cabeza del húmero aparecía destrozada… Después de cuatro meses volvieron a operarme y sustituyeron la cabeza necrosada por una prótesis…
>
> Pero volvamos atrás… A primera hora de la mañana del 30 de noviembre (1997) entré en un estado bastante crítico… La presión sanguínea bajó a 70 / 40 (algo peligroso ya que habitualmente soy hipertenso) y la temperatura subió a 39 grados… Comencé a temblar y noté una gran debilidad… Tenía el brazo arrancado y una muy avanzada infección…
>
> Supliqué al Padre Azul que, si debía llevarme, por favor, lo hiciera en esos instantes… Me estaba quedando sin fuerzas…
>
> A partir de esos momentos todo se volvió confuso…
>
> Mi hijo, que estaba a mi lado, comentó que mi cuerpo quedó inmóvil y las palabras que emitía eran moduladas con un acento, una seguridad y un tono más grave de lo normal… Hay otro detalle de suma importancia que confirma el hecho de que, probablemente, me encontraba inconsciente… Mientras hablaba no me quejé ni emití gemido alguno… Algo difícil, a juzgar por los terribles dolores que padecía…

Y, poco a poco, fui recordando aquella singular experiencia... Es muy difícil traducir a palabras lo que sentí y lo que viví...

Bien, en esta situación empiezo a sentir en mi interior la llegada de un río... El caudal arrastra tierra y suciedad... Todo esto fue acompañado por un dolor sordo y profundo de tipo emocional... Después, las aguas bajan de nivel y yo empiezo a experimentar una paz y una tranquilidad como jamás he sentido... Al mismo tiempo noto cómo me quedo sin fuerzas...

A partir de ese momento veo cómo mi cuerpo empieza a ascender, como si no tuviera peso... Y sube hacia un punto muy alto... En ese trayecto siento a mi lado una presencia divina... No llegué a verla, pero sé que era mi «chispa»...

En un momento determinado, aquel punto lejano —hacia el que me dirigía—, empieza a crecer y se transforma en una abertura ovoide con un interior oscuro... Y, ante mi asombro, de esa oscuridad surgen dos brazos de enorme tamaño...

Esos brazos, no me preguntes por qué, yo sabía que eran los del Padre Azul... Y se abrían en una clara invitación a fundirme con ellos...

En medio de esos brazos vi los rostros de mi padre y de mi madre, ya fallecidos... Sonreían con dulzura, como si estuvieran recibiéndome...

Pero yo sentía que había algo de indefinición en aquella escena... Algo faltaba... Me dirigí al Abuelo (al Padre Azul) y le manifesté que si tenía intención de dar por terminada mi actual etapa, por favor, que lo hiciera en esos momentos ya que me había quedado sin combustible en los tanques... De lo contrario, si todavía tenía asuntos que vivir y experimentar, que me devolviera al lado de los míos con los tanques llenos.... Entonces escuché una carcajada fenomenal... Mis padres ampliaron sus sonrisas y los brazos que los flanqueaban fueron retirándose hacia el interior de la abertura... Y esta se fue haciendo cada vez más pequeña, hasta que desapareció...

Lo siguiente que recuerdo es que me hallaba acostado en la cama de la clínica, con una sensación de paz y plenitud nunca antes experimentadas...

La experiencia se prolongó durante treinta o cuarenta minutos.

Lo dicho. A los jefazos del «más allá» les encanta el teatro...

José Alberto Eschoyez.
(Gentileza de la familia.)

DURDANA

Conté la historia de Durdana, una niña paquistaní, en mi libro *Estoy bien* (página 227 y siguientes). La historia me impresionó. Investigué hasta donde fue posible y descubrí que había mucho más. He aquí una síntesis de aquella maravillosa historia, narrada por el padre de Durdana:

> A finales del otoño de 1968 la menor de mis dos hijas, que entonces tenía dos años y medio, murió durante un cuarto de hora. Llevaba varios meses enferma, empeorando progresivamente. Había incluso empezado a quedarse paralítica, y más tarde presentó episodios de vómitos y ceguera. Yo era médico militar y me habían destinado a una pequeña unidad al pie del Himalaya. Llevamos a Durdana al hospital militar, a unos kilómetros de distancia, para que la examinaran, pero los análisis resultaron de poca ayuda. Apuntaron que los síntomas podían ser secuelas de una encefalitis vírica que no hacía mucho había acabado con la vida de varios niños de la región.
>
> Estaba ocupado en mi consulta cuando mi ayudante entró corriendo para decirme que me llamaba mi mujer, que algo le había ocurrido a la pequeña Durdana.
>
> Vivíamos en el recinto de la estación, en una casa contigua a la consulta. Durdana había pasado muy mala noche y, temiendo lo peor, corrí a casa. Mi esposa estaba en el jardín, de pie junto a la cuna de la niña. Tras un breve examen no vi señales de vida en la niña. «Ha muerto», dije. Con una expresión casi de alivio, porque la niña había sufrido mucho, mi esposa cogió con delicadeza el cuerpo sin vida y

se apresuró a llevarlo dentro. La seguí. Hay ciertas medidas de emergencia obligatorias según el reglamento militar, y un colega, que me había seguido desde la consulta, salió en busca del equipo necesario.

Mi esposa llevó a la niña a nuestro dormitorio y la tendió en mi cama. Tras otro examen, procedí a seguir las medidas de emergencia prescritas, sabiendo que era improbable que surtieran efecto. Mientras lo hacía, me sorprendí repitiendo medio inconsciente y en voz muy baja: «Vuelve, hija, vuelve».

Como último recurso, mi esposa vertió en la boca de la niña unas cuantas gotas más de miketamida, un estimulante del corazón que también le habíamos dado la noche anterior. Un hilito de líquido salió de su boca sin vida y se deslizó por la mejilla. Seguimos observándola con tristeza y entonces, para nuestro asombro, la niña abrió los ojos y, tras hacer una extraña mueca, dijo muy seria que el medicamento era amargo. Entonces volvió a cerrar los ojos. Me apresuré a examinarla y ella empezó a dar señales de vida, si bien muy débiles al principio.

Pocos días después, cuando Durdana se había recobrado de su «muerte» y mi esposa de su conmoción, madre e hija estaban en el jardín.

—¿Adónde fue el otro día mi pequeña? —preguntó mi mujer.

—Muy lejos, a las estrellas —fue la sorprendente respuesta.

Ahora Durdana es una niña inteligente y que se expresa muy bien; y lo que dice tiene que ser tomado en serio, o se enfada.

—¿Y qué viste allí, cariño?

—Jardines.

—¿Y qué había en esos jardines?

—Manzanas, uvas y granadas.

—¿Y qué más?

—Había riachuelos; un riachuelo blanco, uno marrón, uno azul y uno verde.

—¿Y había alguien allí?

—Sí, mi abuelo estaba allí, y su madre, y otra señora que se parecía a ti.

Mi esposa estaba muy intrigada.

—¿Y qué te dijeron?

—El abuelo dijo que se alegraba de verme, y su madre me sentó en su regazo y me dio un beso.

—¿Y entonces?

—Entonces oí a papá decir: «Vuelve, hija mía, vuelve». Le dije al abuelo que papá me llamaba y tenía que volver. Él me dijo que debía preguntárselo a Dios. Así que fuimos a ver a Dios, y el abuelo le explicó que quería regresar. «¿Quieres volver?», me preguntó Dios. «Sí —respondí—, debo volver; mi padre me llama». «Está bien, ve», respondió Dios. Y bajé de las estrellas hasta la cama de papá.

Eso era más que interesante. Durdana había bajado realmente hasta mi cama, donde raras veces estaba, ya que las niñas duermen o juegan en sus camas o en las de su madre, nunca en la mía. Y cuando Durdana volvió en sí, no estaba en condiciones para saber dónde se encontraba. Pero mi mujer estaba más interesada en la entrevista de Durdana con el Todopoderoso.

—¿Cómo era Dios? —preguntó.

—Azul —fue la desconcertante respuesta.

—Pero ¿qué aspecto tenía?

—Azul.

Por mucho que entonces y más tarde intentara lograr que la niña describiera con más detalle a Dios, solo repetía que era azul.

El encuentro estelar

Poco después, llevamos a Durdana a Karachi para someterla a un tratamiento de neurocirugía en el hospital Jinnah. Tras una compleja operación en el cerebro, Durdana empezó poco a poco a recuperarse. Yo volví a mi trabajo, mientras mi esposa permanecía en Karachi con la convaleciente Durdana. Antes de marcharse para reunirse conmigo, visitaron a varios parientes y amigos en Karachi. En casa de uno de mis tíos, mientras charlaban tomando una taza de té, Durdana empezó a pasearse por la habitación, apoyándose en los muebles para no perder el equilibrio, porque estaba tan débil después de la enfermedad que todavía no era capaz de permanecer de pie por sus propios medios. De pronto gritó: «¡Mamá, mamá!». Mi mujer corrió hasta ella. «Mira —dijo Durdana excitada, señalando la vieja fotografía de la mesa—, esta es la madre del abuelo. La conocí en las estrellas. Me sentó en sus faldas y me dio un beso».

Durdana tenía razón. Pero mi abuela había muerto mucho antes de que la niña naciera; solo había dos fotos de ella, y ambas las tenía mi tío. Era la primera vez en su vida que mi hija visitaba aquella casa, y no podía haber visto esa fotografía antes.

Más tarde nos mudamos a Londres, y la historia de Durdana empezó a despertar el interés de la prensa. La BBC la mencionó en un programa de *Everyman* de 1980 sobre la supervivencia después de la muerte y, antes de empezar a rodar, la presentadora Angela Tilby vino a vernos. Admiró los cuadros de Durdana que colgaban de las paredes. Mi hija se había convertido en una talentosa pintora de paisajes y había recibido varios premios. La señora Tilby le hizo la interesante sugerencia de que intentara pintar lo que había visto en las estrellas.

Durdana apareció más tarde en el programa de la BBC *Pebble Mill at One*, en el que se mostraron y analizaron sus cuadros de las estrellas. Al día siguiente me telefoneó una de mis pacientes, la señora Goldsmith, una mujer judioalemana muy inteligente y culta. Me explicó que había visto a Durdana en la televisión el día anterior, y expresó el deseo de conocer personalmente a mi hija y ver los cuadros. Resultó que la señora Goldsmith había tenido una experiencia con la muerte muy parecida a la de Durdana. «Casi brinqué de la silla al ver este cuadro en la televisión», dijo, porque tenía la impresión de haber estado en unos jardines iguales a los del cuadro de Durdana.

Jardines celestiales

Al oírla hablar, pensé que estaba un tanto sobreexcitada, hasta que caí en la cuenta de que lo que trataba de decirnos no era que había estado en unos jardines parecidos en esta vida, sino que había visitado el mismo lugar que Durdana había pintado.

Y al parecer lo había visto mejor que mi hija, porque reconoció todo lo que había en el cuadro y describió cosas que no aparecían en él. Se sentaron y hablaron de lo que había en el recodo del riachuelo que Durdana había pintado, y de la situación de los demás arroyos que la niña había descrito a su madre.

Pero ¿qué hay de los sentimientos de Durdana durante esa experiencia? Son asombrosamente similares a los relatados por la señora Goldsmith y por mucha gente que ha pasado por la misma clase de experiencia. Se sentía feliz en las estrellas, y solo regresó porque le parecía que era su deber, porque yo la llamaba. Tenía una sensación de libertad: sentía que estaba en todas partes a la vez y podía llegar a donde quisiera. No había una fuente de luz y, por tanto, tampoco sombras. Todo se veía a través de su propia luminiscencia. No había ruidos, ni animales, o al menos ella no vio ninguno. Los objetos físicos eran imágenes etéreas. Tuvo la impresión de que conocía todo y a todos.

He contado la historia de Durdana con la mayor sencillez posible, tal y como ocurrió. Pero ¿qué significa? ¿En qué lugar estuvo la niña durante su supuesta muerte de un cuarto de hora? La misma Durdana creía que su experiencia reflejaba de algún modo sus propias expectaciones: «Si hubiera sido una marciana, tal vez habría sido enviada a una réplica de Marte. Allí, tal vez, Dios se hubiera aparecido rojo». Sin embargo, la experiencia de Durdana tiene que ser algo más que una adaptación de su propia imaginación, porque la señora Goldsmith reconoció el mismo lugar.

Tales cuestiones permanecen sin respuesta. Este solo es el resumen de la experiencia de una niña, una experiencia extraña y desconcertante que da que pensar.

Sí, ya lo creo que da que pensar. La historia de Durdana resume, a la perfección, lo que nos aguarda tras el dulce sueño de la muerte.

SUMERGIDA EN AGUA

María Verónica Ciudad, psicóloga y abogada, me escribió en enero del 2023. En la carta contaba lo siguiente:

El 9 de marzo de 2018 ingresé en el hospital Marina Baixa, de Villajoyosa (Alicante. España), para una cesárea programada… Todo salió correcto… La niña (gracias al universo) perfecta… Pero, al segundo día, empecé a encontrarme muy mal… La barriga se me hinchó y no podía caminar… Los médicos decían que si no había fiebre no pasaba nada… Iré al grano porque lo sucedido está en los informes médicos que le adjunto (once folios)…

Al tercer día de la cesárea perdí el conocimiento y los ginecólogos (que no subieron a planta en dos días) seguían diciendo que no tenía nada… Pero, a las 23 horas, la enfermera me encontró con un fallo multiorgánico…

Estuve siete minutos muerta… Operada de urgencia… Coma inducido y otra vez, al tercer día, otro fallo multiorgánico… Estado gravísimo… Avisaron a mi familia porque, según dijeron, me quedaban horas de vida… Estancia en la UCI, respiración asistida, en coma y con una grave infección recorriendo mi cuerpo… Estuve veintisiete días con los intestinos fuera (por si se creaba una peritonitis)…

La cuestión es esta: después de acostarme (el día de la infección) recuerdo que desperté como «flotando sumergida en agua»… No sé si me explico bien… Era como si flotase en el agua, pero sumergida, con las piernas y los brazos suspendidos en el aire.

María Verónica dibujó cómo se veía:

La cuestión —prosigue la carta— es que experimenté una sensación muy placentera... Y noté cómo una «onda de agua» me empujaba hacia arriba... Al abrir los ojos me vi rodeada por un negro intenso, muy negro...

Le aseguro que jamás he sentido una paz así... Al ver aquel negro me asusté... Miré mis manos y brazos y descubrí que eran de color gris brillante, casi blanco... Tan brillantes que iluminaban como si fuera mi aura... Como si estuvieran pintados con purpurina...

Al momento sentí cómo aquella «onda» paraba... Y surgió otra que me empujó hacia abajo y con enorme fuerza... Cerré de nuevo los ojos y sentí esa sensación increíblemente placentera...

Entonces desperté del coma... Una enfermera estaba bañándome en agua y hielo.

Y Verónica me preguntaba: «¿Por qué vi ese fondo negro? ¿Por qué no vino ningún familiar a decirme que no era mi momento? ¿Por qué mi momento fue negro?».

La respuesta fue elemental: «Entiendo, estimada Verónica, que aquella negrura no tenía nada que ver con su forma de ser. Quizá fue un «mecanismo» utilizado para pasar al «otro lado» aunque usted, evidentemente, no llegó a cruzar a la eternidad.

«EL PROBLEMA ES QUE NO ME VES»

«Experiencia cercana a la muerte», narrada por su protagonista, Nilda Centurión, desde Asunción (Paraguay). Los correos electrónicos me llegaron en enero y febrero del año 2018:

Soy una fiel lectora suya —escribía Nilda—. Cuando tenía treinta años (agosto del 76), estando de siete meses de mi primera hija, me aplicaron penicilina intramuscular… Y, de pronto, me vi atravesando la cama… Y salí por debajo… Me reanimaron y dijeron que había sufrido un paro cardíaco…

El 19 de enero de 1979 ingresé de nuevo en cirugía para una cesárea de mi segunda nena… Al terminar, el anestesista me inyectó algo que no debía y provocó un paro cardiorrespiratorio que se prolongó durante treinta y cinco minutos… Entré en coma, con el electroencefalograma plano… Me visitaron once neurólogos y aconsejaron que fuera desconectada de los aparatos… Pensaron que estaba muerta… Fueron cinco días en los que viajé por la oscuridad hacia la luz… ¡Fue tan hermoso!… La plenitud que se siente allá no existe aquí… Bajé hacia una pradera y vi a mi padre… Estaba muy guapo, con un traje blanco… Y le dije: «Papi, ¿estabas aquí?»… Él respondió: «Sí, pero yo siempre estoy contigo… El problema es que no me ves»… Seguimos conversando y caminando y llegamos a un promontorio… Comprendí que si seguía no podría volver y me detuve… Papi preguntó: «¿Por que te paras?»… Le dije que no debía quedarme… ¿Quién iba a cuidar a mis hijas?… Él respondió:

«Tu mamá»... Le dije que no... «Lo que pasa —contestó mi padre— es que no te quieres quedar»... «Claro que sí —repliqué—. No existe lugar como este»... Él se soltó y exclamó: «¡Chao!»... Respondí que no se enojase, pero él desapareció... Cuando me di la vuelta para seguirle aparecí en la cama del hospital, conectada a los aparatos... Me levanté, fui al baño, me refresqué la cara y regresé a la cama... Me examinaron y me dieron el alta... No tuve secuelas.

Interrogué a Nilda y respondió lo siguiente:

«... Aquel lugar, la pradera, aparecía lleno de luz, como si hubiera polvo dorado en suspensión...»

«Sí, fui muy feliz...»

«Había personas con túnicas blancas... Pero no me miraban...»

«Vi a un señor de unos treinta años... Y me dije: "Cómo se parece a mi papi"... ¡Era él!... Mi padre falleció el 16 de octubre de 1976 en el Sanatorio Italiano de Asunción...»

El enfado del padre de Nilda me dejó perplejo. Después, al reflexionar, creí entender. Puro teatro. Estoy casi seguro que en los mundos MAT no es posible el odio ni los disgustos. Todo eso pertenece al reino de la materia (de la imperfección). Allí, la felicidad es absoluta y permanente.

EL MUERTO RESUCITÓ

El presente suceso tuvo lugar en 1967 en un pueblo de Cataluña (España). No estoy autorizado a revelar los nombres de los protagonistas. Uno de ellos me lo contó así:

> Yo tenía siete años… Estábamos en 1967… Una mañana, el vecino de al lado murió… Como este señor y su esposa no tenían hijos, y estaban enfadados con la familia, mi madre era como una hija para ellos… A nosotras nos querían como si fuéramos sus nietas… Pues bien, la esposa del difunto y mi madre lo vistieron… Y empezó a llegar gente al velatorio… El difunto estaba sobre la cama del dormitorio principal… Todo el mundo rezaba… Pasaron varias horas y, ya por la noche, el muerto se sentó en la cama… Todo el mundo salió corriendo, aterrorizados… Pero la esposa y mi madre se quedaron en la casa y el «resucitado» les contó «que había entrado en un túnel y que llegó a una pradera muy bonita en la que vio árboles de colores»… Y dijo que sintió una paz y una felicidad como nunca había sentido… Este hombre murió de verdad en 1979; es decir, doce años después.

Testimonio de gran peso. Ninguno de los protagonistas desea aparecer en público. En 1967 nadie hablaba de «experiencias cercanas a la muerte». Si no estoy equivocado, este es el primer caso conocido en España.

GALA

El escritor y dramaturgo Antonio Gala vivió también una ECM. Me la contó en una presentación en Madrid:

—Entré en coma —explicó Gala— como consecuencia de una úlcera de duodeno. Estuve más muerto que vivo.

—¿Qué vistes?

—Algo decepcionante. No acerté a ver mi vida. Solo recuerdo escenas tontas. Por ejemplo: a mi padre, enseñándome a sonarme la nariz. Por ejemplo: la sonrisa del gato de *Alicia en el país de las maravillas*… Mi vida se presentó como un retablo gótico.

Y Gala puntualizó:

—Pero ese recuerdo de la muerte fue algo bueno y plácido. Me vi en una zona oscura y, al fondo, una luz que me sonreía. Ahora sé que la muerte no es un salto en el vacío. La muerte es un salto «acolchado». Se salta con paracaídas. Siento decepcionarte: no vi nada impresionante.

Y remató:

—Amigo Juanjo: nada importa nada… Seguramente porque nosotros no importamos a nadie.

¡Pobre Gala! Vaya susto que se habrá llevado al despertar en los mundos MAT... Lo sé: era su «contrato»...

Antonio Gala.
(Archivo: © Pilar Aymerich / Album.)

«TIENES QUE VOLVER»

En el año 2017, Cheché Ambrós me contó su «experiencia cercana a la muerte»:

Me presento… Me llamo Cheché Ambrós… Cheché es diminutivo de María José… Tengo sesenta y un años… Soy de Madrid… Estoy casada y tengo dos hijos… Soy profesora de educación infantil y natación y directora de una compañía de zarzuela…

Le contaré una de mis experiencias…

En una operación, hace ya más de veinticinco años, casi me muero… En esa ocasión tuve una experiencia que después, años más tarde, supe que se llamaba ECM… Después llegó a mis manos el libro *Muchas vidas, muchos maestros* y comprobé que otras personas habían vivido lo mismo…

Ocurrió al final de una operación de ovario… Sufrí un colapso, al parecer por la anestesia… Me desperté antes de que finalizara la intervención… No podía moverme… Solo la cabeza… Noté que me estaban cosiendo, aunque no sentía dolor… Percibí cómo pasaba la aguja por mi piel y escuché a los médicos… Hablaban de fútbol… Entré en pánico… Intenté mover la cabeza y lo logré… Los médicos se dieron cuenta y dijeron: «Se está moviendo. Ponle un poco más hasta que cerremos»…

Fue en esos momentos cuando sentí que caía muy rápido en un pozo negro… Caía hacia abajo, con una velocidad cada vez más fuerte… Me mareé y pensé que iba a vomitar… Y, de pronto, me detuve… Todo estaba negro… Y pensé: «¿Qué ha pasado?»…

Y lejos, en esa negrura, escuché una voz de mujer… Me llamaba por mi nombre: «¡María José, María José!»… Y pensé: «¿Quién me llama así?»… Escuché más voces… Me llamaban… Eran voces cercanas… Pero no identifiqué a ninguna… Entonces noté que me golpeaban en la cara… Eran tortas fuertes y me decían: «¡Lucha, lucha… Abre los ojos!»… No comprendía qué estaba pasando… Vi un punto luminoso a lo lejos… Era blanco… Y empezó a acercarse… Yo sabía que tenía que aproximarme a esa luz… Me dio ánimos y así lo hice… Entonces empecé a caminar por una especie de túnel… Todo, detrás de mí, era oscuridad… Y, conforme avanzaba hacia aquella luz maravillosa, lo que tenía enfrente se iba convirtiendo en luz… Seguía oyendo las voces, pero cada vez más lejanas… Ya no sentía las tortas en la cara…

Llegué muy cerca de la luz maravillosa y vi a unos seres que me transmitieron un amor enorme… ¡Qué maravilla!… ¡Qué sensación de paz infinita!… Todo era perfecto, todo amor, todo equilibrio… En esos momentos volví a oír cómo me llamaban: «¡María José, María José! ¿Es que no quieres vivir?»… Y pensé: «¿Vivir? Pero si estoy más viva que nunca. Claro que quiero vivir, pero vivir aquí, en este lugar y con estos seres de luz»…

Nunca en mi vida he sentido tanta felicidad… Me sentía tan amada… Y pensé: «¡Increíble! ¿Esto es la muerte? Pues que maravilla»… Y decidí que allí me quedaba…

En esos instantes, uno de los seres de luz —o quizá varios— me dijeron: «Todavía no es tu momento. Tienes que volver»… Me negué… «No quiero regresar»… Y volvieron a decirme, telepáticamente: «Tienes que volver. No es tu momento. Te hemos dejado que llegues hasta aquí para que comprendas, para responder a tus preguntas. Pero mira atrás»… Volví la cabeza y vi las caritas de mis hijos en mitad de la negrura del túnel… Y los seres de luz insistieron: «Son muy pequeños. Te necesitan. Por eso no puedes quedarte. Vuelve con ellos»…

Entonces me emocioné mucho… Y me puse a llorar… Miré a los seres de luz y decidí volver… Fue un sacrificio enorme… No puedes imaginar la felicidad que sentía en aquel lugar… Y una

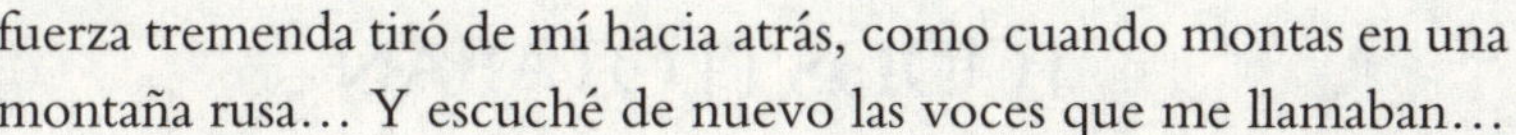

fuerza tremenda tiró de mí hacia atrás, como cuando montas en una montaña rusa… Y escuché de nuevo las voces que me llamaban…

Había vuelto… Y regresaron el dolor, la angustia y el miedo…

Los médicos me decían: «¡Bienvenida! ¡Vaya susto que nos has dado!»… Y yo trataba de pensar: «¿Qué ha pasado? ¿Ha sido un sueño? Si lo ha sido, ¡qué maravilla!»… Pero algo en mi interior me decía que aquello no fue un sueño… ¡Fue real!

Me llama la atención la coincidencia de todos los que han experimentado una ECM. Todos afirman que la felicidad –en esos instantes– es absoluta, como nunca han experimentado en la Tierra. Y me pregunto: ¿cómo se materializa algo así? Nuestro cuerpo físico (actual) no está preparado para una felicidad total y permanente (nadie está capacitado para sostener un orgasmo de años). Verdaderamente, lo que nos aguarda tras el dulce sueño de la muerte es espectacular.

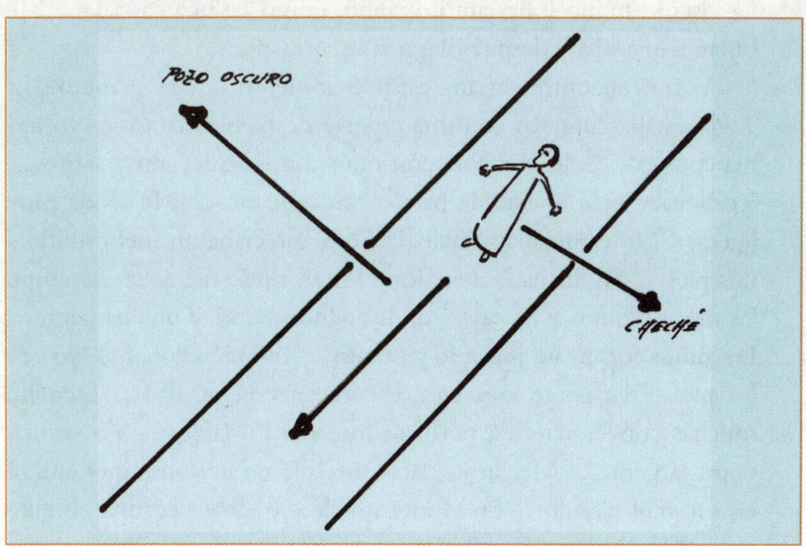

Cheché en el túnel. (Cuaderno de campo de J. J. Benítez.)

TODOS FLOTABAN

Me escribe Josefa Domínguez, desde Huelva. Y me cuenta una «experiencia cercana a la muerte»:

… Yo llamo a esa experiencia «la antesala de la muerte»… Era una mañana fría… 3 de marzo de 1995… Sobre las 9.30 decidí levantarme… No me sentía bien… Tenía sensación de mareo y fatiga… Pensé que podía tratarse de vértigo… Padezco de ello a causa de las cervicales… Cuando me disponía a desayunar sentí un fuerte hormigueo en brazos y piernas… Y un frío intenso me invadió… La vista se nubló y percibí un ruido, como de una cascada… Me sujeté a una silla y después llegó la oscuridad…

Y me encontré en un espacio inmenso… Era grandioso… Todo estaba cubierto con una especie de niebla blanca… No había colores… Solo la niebla con unos tonos azules muy claritos… Yo llevaba una especie de bata o túnica blanca… Me sentía muy ligera… No caminaba: ¡flotaba!… No apreciaba un suelo sólido a mis pies… Me llama la atención el gran ruido del agua, así como las risas de niños y las voces de los adultos… Hay mucha gente… Los niños corretean, jugando y riendo… También flotan… No veo los pies… La gente conversa… Parecen esperar algo… Escucho muchas conversaciones, pero no mueven los labios… Yo avanzo entre la gente… Me dirijo hacia una fila de personas que entran en un gran círculo… En el interior de ese «aro» veo una potente luz… No sé cómo describirla… La luz es cegadora… Pero, al mirarla, algo cambia en mi interior… No hay palabras para describir esa sensación... No se trata de alegría, paz o bienestar... Es mucho más...

Intento ponerme en la fila para entrar en el aro blanco... Entonces, mientras esperaba, escuché una voz que me decía: «No es tu hora»... Y respondí: «Por favor, déjame quedarme»... Y la voz —¿femenina?— replicó: «¡No es tu hora!»... Me sentí angustiada... Y la voz insistió con energía: «Pepi, ¡levántate! No es tu hora»... Y respondí: «No puedo»... Y empecé a volver en mí... Era consciente de que estaba regresando... La voz insistió: «Pepi, levántate»... En esos instantes fui consciente de que me hallaba en el suelo de mi casa... Trato de incorporarme, pero no puedo... Mi cuerpo está rígido... Me cuesta moverme... Estoy helada... La voz no dejaba de repetir: «Levántate»... Y yo respondía: «No puedo»... Me arrastré hasta mi habitación y en eso escuché la puerta de entrada... Era un familiar... Llamó a urgencias y me trasladaron al hospital.

Hay algo que no me encaja en la historia de Josefa: ¿niños en los mundos MAT? ¿Niños en los cielos? Será lo primero que preguntaré cuando pase al «otro lado»: «¿hay niños?». Si me dicen que sí, no entro.

Una fila de personas entraba en un enorme aro luminoso.
(Cuaderno de campo de J. J. Benítez.)

«YO HE VISTO A CRISTO»

En enero del año 2020, Carlos Ramos me contó la siguiente historia:

... Yo trabajaba como socorrista en una piscina municipal... En las mañanas acudía un grupo de jubilados... Había ingenieros, profesores y una mujer llamada Mari... Había sido enfermera en Madrid... Podía rondar los ochenta años...

Una mañana, cuando el grupo se fue a bañar, Mari se acercó y me dijo: «Carlos, ¿me creerías si te digo que he visto a Cristo»... Me incorporé de la silla y le animé a que me lo contara... Y ella, en voz baja, refirió lo siguiente: cuando tenía veinte años se intoxicó con una lata de mejillones en mal estado... La llevaron al hospital y escuchó a los médicos que decían «¡se va, se muere!»... Entonces dejó de oír las voces y se encontró en un pasillo lleno de luz... Al fondo vio a un hombre con una túnica blanca y el cabello largo... La cara no la vio... Dijo que estaba difuminada... El hombre extendió los brazos, reclamándola... Y ella caminó hacia él... Pero, cuando se encontraba muy cerca, casi a punto de tocarle, aquel hombre bajó los brazos y se alejó... En esos momentos volvió a escuchar las voces de los médicos, que decían: «Ya está aquí... La tenemos otra vez»...

Me quedé perplejo... No ya por la historia, sino por la persona que me la contaba... Era una mujer de ochenta años... No tenía por qué mentir... Y habló cuando se quedó sola conmigo, cuando el resto del grupo se bañaba.

Dudo mucho que el ser que se presentó al final del pasillo fuera Jesús de Nazaret. No creo que el Maestro se dedique a esos menesteres. El Hombre Dios tiene asuntos más importantes de los que ocuparse (supongo).

Un ser luminoso se presentó al final del pasillo.
(Cuaderno de campo de J. J. Benítez.)

SEIS AÑOS EN COMA

En julio del año 2019 recibí una amable comunicación de Gonzalo Torres. Me escribía desde Zacatecas, en México. He aquí una síntesis de su relato:

> … En el año 1998 enfermé de cisticercosis… Ese microbio me mantuvo en coma durante seis años…
>
> Cuando desperté era un esqueleto… Pesaba 40 kilos… Carecía de piel… Las sábanas se la habían comido… Ahora estoy bien… Y me gustaría platicar con usted sobre la experiencia vivida en aquel proceso… Durante el tiempo que permanecí en coma recuerdo, sobre todo, un túnel… Era un túnel largo, sin puertas ni ventanas y tampoco muebles… Era blanco con una hermosa luz al fondo… Era ancho y alto… Aquella luz no molestaba a la vista… Ese túnel lo caminé muchas veces… Me cansaba de caminar y regresaba…
>
> Durante el coma escuchaba las pláticas de los médicos que me visitaban… Un amigo me contaba que, al hablarme, veía cómo una lágrima se deslizaba por mi cara… Los médicos pensaban que no resistiría y terminaría muriendo… Ya ve, me recuperé y aquí estoy…

Asombroso. Gonzalo Torres caminó por aquel túnel blanco durante más de dos mil días (¡). Y nunca llegó al final. Cuando pregunté por qué no supo responder. «Me cansaba –explicó– y regresaba.»

A CÁMARA RÁPIDA

«Experiencia cercana a la muerte» vivida por Francisco José Pastor. Recibí la información en agosto de 2019. Dice así:

> … He estado tres veces al borde de la muerte… De niño, una vez salté desde un muro a un columpio… Las manos resbalaron y caí de espaldas… Perdí el conocimiento… Vi mi vida desde que tenía uso de razón hasta ese momento… Fue como ver una película, pero a cámara rápida… Vi toda mi vida…
>
> Cuando desperté estaba rodeado de gente… Pregunté por el tiempo que llevaba así y me dijeron que segundos… Eso sucedió hacia 1980…
>
> En 1988, haciendo la «mili» en el IV Tercio Alejandro Farnesio, hubo una epidemia… Me inyectaron penicilina, pero yo era alérgico… Caí al suelo y perdí el sentido… Pero sabía lo que pasaba a mi alrededor… Escuché lo que hablaban el médico y el enfermero… No sentía dolor… Solo paz… Mucha paz…
>
> En 2019 me ingresaron en la UCI porque tenía un edema pulmonar, arritmias y el corazón inflamado… Noté que me moría… Pero sentí una enorme paz…

Está claro. Alguien graba nuestras vidas desde el momento del nacimiento (quizá antes).

LOS VELOS

Josefa Correa vivía en Granada (España)... En 2017 me contó la siguiente «experiencia cercana a la muerte»:

> ... Ocurrió mientras dormía... De pronto sentí que no podía respirar... Y llegó un momento en el que, al comprobar que no tenía respiración, me dejé llevar y pensé: «Vale, Dios mío... Si ha llegado mi hora de volver, lo acepto... Hágase tu voluntad»...
>
> Después de esto empecé a sentirme muy bien... Noté una paz y un bienestar que no puedo describir... En ese estado ya no respiraba...
>
> Y, de repente, empecé a salir de mi cuerpo, hacia arriba, y a gran velocidad... Pero mi cabeza tropezó con algo... Parecía un velo o una tela... Aquello no me permitía seguir subiendo, aunque yo no dejaba de empujar con la cabeza... El velo se rompió y seguí hacia arriba, a gran velocidad... Y de nuevo volví a chocar con un segundo velo que me sujetaba... Empujé y conseguí romperlo... Y salí de nuevo a enorme velocidad... Pero, al llegar a un punto, me detuve... Aquel lugar era lo más negro que he visto en mi vida... Entonces empecé a bajar... Puse un pie en la terraza de la casa donde estaba acostada, atravesé el techo y caí en la cama, en mi cuerpo».

Resulta desconcertante. Cada ser humano vive una ECM distinta, aunque hay elementos comunes. ¿Por qué?

EL CASTILLO FELIZ

José Efraín Cuartas es contador público. Hace años me escribió desde Colombia. En síntesis, su correo electrónico decía así:

> … En marzo del año 2021 me contagié de covid… Permanecí cuarenta días hospitalizado… De esos, treinta fueron en la UCI y en estado de coma inducido… Fue allí donde ocurrieron cosas sorprendentes….
>
> Mientras estuve en estado de coma tuve la sensación de estar en un lugar que siempre he descrito como un castillo o casa muy grande… Me hallaba en cama (todo el tiempo)… A mi alrededor observé a mucha gente… Jugaban y corrían, felices, como niños… Lo más asombroso es que todos ellos habían muerto… En ese castillo todo era blanco y con mucha luz…
>
> A mi lado se encontraba una persona, aunque nunca llegué a verle la cara… De vez en cuando hablaba conmigo y me decía que estuviera tranquilo… Aquellas personas —decía— estaban allí para cuidarme…
>
> Y un día pregunté si podía quedarme en aquel lugar… El hombre respondió, tajante: «No señor… Tiene que irse… Usted no debe estar aquí… Todavía le faltan cosas por hacer allá»…
>
> A partir de ahí «regresé» a la habitación del hospital en el que me encontraba.

De nuevo el absurdo. Si no debía permanecer en aquel «castillo», ¿por qué fue trasladado a él? También sé que estoy juzgando una situación que no pertenece al mundo que conocemos. En otras palabras: seguramente me equivoco.

ENTRE ALGODONES

María Eugenia Prieto vive en Francia. En el año 2014 me contó una interesante «experiencia cercana a la muerte».

… Cuando contaba alrededor de tres años y medio —explicó—, y dada la curiosidad y la temeridad que un pequeño tiene a esa edad, fui a precipitarme en una piscina, en mi ciudad: Cuenca (España).

La verdad es que no tengo ningún recuerdo de las circunstancias que me llevaron a caer de bruces en dicha piscina… Lo que sí recuerdo con nitidez es que me vi sentada en el fondo de la pequeña piscina… Estaba rodeada de agua y observaba esa perspectiva, desconocida para mí hasta ese momento… De repente sentí como si una gran fuerza me aspirase y empecé a girar sobre mí misma a una velocidad vertiginosa… A pesar de esa gran fuerza y la brusca aceleración a la que estaba sometida no me sentí aturdida o mareada… Me hallaba tranquila… Y podría decir que disfrutaba de esa sensación…

En un momento determinado vi cómo mi cuerpo giraba como una peonza… Yo lo observaba a corta distancia…

En esos instantes, una luz blanca y densa me fue absorbiendo… Y, de repente, me vi como habitando en una nube… Era como si estuviera, literalmente, entre algodones… Y me vi abrazada por unas sensaciones de seguridad, amor, bienestar y felicidad indescriptibles… No pensaba… No necesitaba nada… Tampoco sé si respiraba… Solo sentía y era inmensamente feliz… Fueron unas sensaciones que no han vuelto a repetirse… Solo existía esa fuente inagotable de Amor… Deseé quedarme para siempre en ese estado de felicidad… Quise fundirme en él y comprendí que yo era parte de ese Amor…

No vi a nadie… No hablé con nadie… No escuché nada… No vi ningún túnel… Aquella experiencia no guarda relación con nada de lo que he leído años después sobre «experiencias cercanas a la muerte»…

El asunto terminó cuando mi padre —imagino que con un gran susto— me sacó de la piscina.

Las palabras de María Eugenia fortalecen mi creencia: cada ser humano vive una ECM totalmente distinta. No sabemos por qué. Cosas del Padre Azul (supongo).

LA MUERTE NO DUELE

La carta de Sofía Sánchez me sorprendió. Me escribió en el año 2015 desde Madrid (España). Decía, entre otras cosas:

... Mi padre —Alberto— falleció hace siete años... Murió de cirrosis... La noche que empeoró se despidió con un «hasta luego»... Él creía en la vida más allá de la vida... Era miembro de la Sociedad Parapsicológica Española... Crecí entre psicofonías, Nasca y fotos de ovnis...

En la actualidad sufro una enfermedad neurodegenerativa (una enfermedad rara que me ha llevado dos veces al quirófano)... En la primera intervención —hace quince años— no pasó nada extraño... Pero hace tres hubo otra operación que me cambió definitivamente la vida... Y me explico: tenía un par de tumores en la carótida... La operación fue bien pero, a los dos días, tuvieron que retirar el drenaje... Supuestamente no había riesgo... Pero me desvanecí y entré en parada cardíaca... Me encontraba con una hermana a la que sacaron de la habitación... Dejé de ver, pero escuchaba a mi hermana... Decía «que no me fuera»...

Estaba rodeada de luz... No me dolía nada... Flotaba y me sentía inmensamente feliz...

A lo lejos empecé a ver a mi abuela materna y a mi padre... Mi abuela falleció en 1986 y mi padre en 1997... Aparentaban mucho más jóvenes... Mi padre con unos treinta y cinco años y mi abuela con cuarenta...

Me sentí muy feliz... ¡Dios mío!, ¿cómo explicarlo?...

Y me fui acercando a ellos… Cuando estaba a unos metros, mi abuela sonrió… Mi padre negó con la cabeza, haciéndome ver que no podía seguir hacia ellos… Sin palabras explicó «que no era mi hora»…

Y, de golpe, volví a escuchar a mi hermana y sentí a los médicos, que me tocaban… La reentrada fue tan violenta que vomité… No quería volver, Juanjo, quería irme con ellos…

Ahora sé que la muerte no duele y eso me consuela.

Sofía tiene razón: la muerte no duele. Lo que molesta y duele es la vida. Es la ley. Vivimos (ahora) en la materia (en la imperfección). Es lógico que tengamos toda suerte de problemas. En el «otro lado» (al regresar a casa), el dolor, el sufrimiento y las preocupaciones desaparecerán.

UNA FELICIDAD IMPOSIBLE DE DESCRIBIR

Conozco a Jorge Nagore desde hace años. Siempre me ha parecido un excelente profesional del Periodismo y, sobre todo, una gran persona. Por eso su testimonio es doblemente importante. Nagore vivió una «experiencia cercana a la muerte» en la noche del 22 al 23 de noviembre de 1970, cuando viajaba de Tafalla a Pamplona (Navarra, España). Me contó la ECM en dos oportunidades. He aquí una síntesis de aquellas conversaciones:

—En aquel auto —explicó Nagore— viajábamos cinco personas. Yo iba en el asiento del copiloto. En una curva derrapamos y chocamos con un árbol. A partir de esos momentos me desdoblé. Yo veía el árbol, mis piernas aprisionadas, el coche destrozado y dos taxistas que llegaban y preguntaban cómo me encontraba.

—¿Dónde estabas?

—Arriba, por encima del coche, sobre el cristal trasero del auto. Flotaba. Así vi todo el proceso. Vi cómo me sacaban del coche y empecé a sentir una corriente que me empujaba hacia un fondo negro. Entonces empecé a ver caras. No eran cuerpos enteros.

—¿Las conocías?

—Sé que eran conocidas, pero no terminaba de distinguirlas. Y vi a mis compañeros, en el suelo. A mí me metieron en un coche negro. Es curioso: yo asistía a esas escenas sin temor ni curiosidad. Era un simple observador.

—Sigamos con la visión de las caras…

—Aparecieron en todas las direcciones: arriba, abajo, por delante… Reconocí a mi madre.

—¿Había fallecido?

— No. Otras personas sí estaban muertas.

—¿Y qué pasó?

—Esas personas me invitan a seguir hacia la luz.

—¿Identificas esa negrura con el típico túnel de las «experiencias cercanas a la muerte»?

—No sabría decirte. Era un negro total, eso sí. Tuve una sensación muy agradable. La visión y el sonido estaban potenciados. Veo más matices que aquí y el sonido era más sutil. No hay comparación.

Y Nagore prosiguió:

—Entonces vi una luz, al fondo. Y el negro fue desapareciendo. Aquella luz me atraía.

—¿Y las caras?

—Desaparecieron. Y la luz lo cubrió todo.

—Háblame de esa luz…

—No era como la que conocemos. Parecía sólida, tipo gel. Era envolvente y blanca, con matices. Ese fue el momento cumbre.

—¿Por qué?

—Me sentía muy bien, en equilibrio… Sin miedo. Pero, como no entendía nada, seguí quieto.

—¿Recibiste algún mensaje?

—Que yo recuerde no. Y ahí empezó el regreso. Y desperté en el hospital.

—¿Cómo fue ese regreso?

—Brusco. Según los médicos había perdido más de cuatro litros de sangre, como consecuencia de la rotura de una arteria.

—Tengo entendido que el accidente fue en la noche…

Nagore asintió.

—¿Cómo es posible que vieras a tus compañeros y a los taxistas?

—No me lo explico, pero lo veía todo perfectamente y en color.

—¿A qué altura podías estar?

—Calculo unos dos metros y medio.

—¿Qué fue lo que más te impresionó?

—En realidad todo. La luminosidad, las caras, la negrura…

Jorge Nagore permanece en silencio, pensando. Y añade:

—Quizá lo más fuerte de esa experiencia fue la sensación de plenitud.

—¿Qué opinas ahora de esa vivencia?

—Fue una llamada de atención. Me siento un privilegiado. A partir de esos momentos, la percepción de la muerte cambia. Ya no le tengo miedo. Y empecé un camino de búsqueda personal. Y te diré algo: ahora considero que los momentos malos también tienen sentido.

Jorge Nagore y este pecador terminamos hablando de la Ley del Contrato. El fotógrafo y periodista escuchó con atención. ¿Elegimos nuestra vida antes de nacer? ¿Lo elegimos todo: familia, amigos, trabajo y hasta el momento y la forma de morir? ¿Por qué al nacer ese proyecto de vida es borrado?

Jorge Nagore. (Foto: J. J. Benítez.)

«DISFRUTA Y SÉ FELIZ»

Testigo que desea mantener el anonimato. En 2016 me escribió la siguiente carta:

> Cuando mi abuelita vivía hicimos el pacto: «La primera que muera visitará a la otra y le contará cómo se siente y cómo es todo aquello»...
>
> Murió a los ochenta y cuatro años y no apareció jamás... La esperé y, al no aparecer, me enfadé con ella... No me lo podía creer... Ella y yo pasábamos horas hablando de la muerte...
>
> Pero fue a ella a la primera que vi cuando dejé la vida, mi vida terrenal... Allí estaba, derecha, junto a mi otra abuela...

Mi comunicante no especifica cuál fue el problema que provocó el desdoblamiento. Y sigue así:

> ... Ella me estaba esperando en el túnel, a mitad de camino... La vi preciosa y serena... Y fue ella la que me ayudó a volver junto a mi cuerpo, del que me había separado... Mi cuerpo yacía en el suelo, sin vida... Pero yo flotaba y hablaba con mi abuela...
>
> Y mi abuela me dijo:
>
> —¡Hola cariño! No te asustes. Aquí estoy, junto a ti.
>
> —¡Hola abuela! —respondí—. ¿Estoy muerta?
>
> —No, mi amor... Ahora debes volver. Aquí está todo bien... Pero tú tienes una oportunidad. Vete, cariño. No te preocupes por nosotras.
>
> —¡No, abuela! —me empeñé—. ¡Yo estoy muerta!

—Lo mejor de tu vida está por llegar. Si no te marchas ahora, en este momento, tendrás que quedarte. ¡Es tu oportunidad! ¡Vete, por favor! Cuando vuelvas, vendré a buscarte, pero aún no es tu momento. Disfruta y sé feliz.

No entendía nada… Les sonreí y sentí que me succionaban, como si fuera un aspirador… Y escuché voces conocidas y otras desconocidas… Me pegaban en la cara… Adrenalina… Y me vi en una ambulancia… Allí estaban mi padre y mi hermano… Pero no podían tranquilizarme… ¡Había vuelto!…

Y, como mi abuela me había anunciado, «lo bueno estaba por llegar».

Llevaba razón la abuela fallecida: llegamos a esta vida para experimentar, sí, pero, sobre todo, para intentar ser feliz. Algún día debería escribir sobre los «momentos azules».

AQUEL SER....

En noviembre del año 2005 la vida cambió para Paquita Olmos. Esta fue su «experiencia cercana a la muerte»:

... En esa fecha me ingresaron en el hospital «Virgen de la Victoria», en Málaga... Sufrí una pancreatitis aguda como consecuencia —según los informes médicos— de la expulsión de una piedra... Ni los médicos se explicaban cómo había podido superar aquel problema...

En aquellos momentos, con unos dolores terribles, me puse en las manos de Jesús de Nazaret... Siempre lo consideré un amigo... Le rogué que me permitiera seguir un poco más en la Tierra...

Pues bien, no sé cómo ni de qué manera, pero aparecí en otra dimensión... Me vi en una especie de habitáculo o cueva muy oscura... Al fondo presencié una luz muy tenue que, lentamente, me salía al encuentro... Y, conforme se acercaba, se hacía más luminosa... Pero la luz no hacía daño a la vista y resultaba muy relajante...

Entonces observé que la luz procedía del pecho de una persona... Vestía una túnica blanca que también resplandecía... Presentaba los brazos abiertos, como si quisiera protegerme... Lucía un cabello castaño que caía sobre los hombros... Los ojos eran de color miel... La piel era extremadamente blanca... Aquel ser irradiaba una bondad infinita... Levitaba sobre el suelo...

Traté de acercarme y escuché unas palabras en mi mente... Me indicaban que no lo hiciera...

Y así estuvimos un tiempo, mirándonos… Después, aquella imagen fue difuminándose… Lo siguiente que recuerdo es que desperté en la cama del hospital…

Cuando llegó el médico pregunté si me iba a morir… Respondió que ya estaba fuera de peligro…

Nunca olvidaré aquella imagen… Fue algo increíble y hermoso… Creo firmemente que se trataba de Jesús de Nazaret… Lo he pintado en un lienzo para no olvidarlo.

Insisto: dudo que el Maestro se presentase ante Paquita Olmos. Pero si ella lo cree, perfecto. Quizá la imagen que vio fue un holograma. ¿Quién sabe?

Imagen del ser
que vio Paquita Olmos.

Paquita Olmos.
(Gentileza de la familia.)

«VI CÓMO LA LIMPIABAN»

En el año 2016, en uno de mis viajes a Bolivia, conocí a Elizabeth Pérez y a su hija, Alannah.

Elizabeth me contó lo siguiente:

—El 27 de enero de 1998 fue una fecha muy especial para mí. Ese día nació Alannah, mi primera hija. Pero no todo fue bien. Esa mañana, hacia las diez, hice mi primera revisión. Tenía síntomas de que el parto estaba cerca. Y el médico, al palparme, rompió la bolsa. Aun así me envió a casa. Seguí perdiendo líquido durante horas. Y a eso de las cuatro de la tarde —inquieta—, mi esposo y yo optamos por volver al hospital. Me hospitalizaron y a las siete y media de la tarde empezaron las dilataciones. Y la niña nació a las 10.40 de la noche. Nació moradita por falta de oxígeno. La niña venía con el cordón umbilical enredado en el cuello. E inmediatamente se la llevaron para limpiarla. En esos momentos sentí que perdía mucha sangre. Y me desmayé. Y me vi en lo alto del paritorio. Flotaba cerca del techo. Vi cómo mi mano izquierda caía, sin fuerzas, a un lado de la camilla. Me vi a mí misma, tumbada y con la chomba rosada que me había puesto mi mami antes de entrar al paritorio. Escuchaba la voz del médico —muy asustado— solicitando una inyección y vi a las dos enfermeras, corriendo de un lado para otro. ¡Lo veía todo desde arriba! ¡Yo flotaba en la habitación! ¡Veía lugares que no eran visibles desde la camilla en la que me encontraba!

—¿Qué lugares?

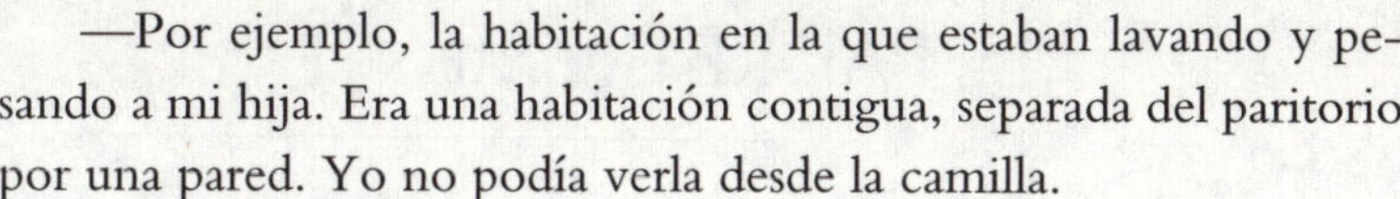

—Por ejemplo, la habitación en la que estaban lavando y pesando a mi hija. Era una habitación contigua, separada del paritorio por una pared. Yo no podía verla desde la camilla.

—¿Y qué pasó?

—Yo estaba feliz. Me invadió un sentimiento de paz. Fue un momento inolvidable, dulce, cálido y totalmente sereno. Sentí el calor del cuerpo de mi niña y me dijeron que la amamantase. En eso abrí los ojos. Estaba de nuevo en mi cuerpo. Al día siguiente, el médico explicó que había tenido un «parto seco». Fue un milagro que mi hija no hubiera padecido falta de oxígeno. Hoy es una mujer preciosa...

Elizabeth no vio ningún túnel, ni luces, ni seres de luz, ni escuchó voces que la invitaran a regresar a su cuerpo. Pero su testimonio, en mi opinión, es sólido y, sobre todo, esperanzador. La vida no termina con la muerte. Todo lo contrario: empieza con el dulce sueño de la muerte.

De izquierda a derecha: Alannah, Elizabeth y Juanjo Benítez.
(Foto: Archivo del autor.)

EL PADRE CLEMENTE

Conocí a Juan Rivera durante los años que viví en Cádiz (España). Es un excelente platero. Hicimos amistad. Cuando supo que había publicado *Estoy bien* (2014), sobre personas que han visto, hablado y tocado a familiares y amigos muertos, no dudó en relatarme una experiencia vivida por él en 1958, cuando nadie hablaba de las ECM. Le rogué que la pusiera por escrito.

… Ocurrió en marzo de 1958 —explicó—… Colegio José Celestino Mutis, situado en la plaza de España, en Cádiz capital… Otro año más, los maestros hacen examen a los niños con motivo de las vacaciones de Semana Santa… Don Santiago, profesor, me entregó las notas… Corrí hacia mi pupitre, tropecé con algo, caí y sentí un gran dolor… Se acercó el maestro y algunos compañeros para auxiliarme… Y no sé por qué dije: «Me he roto el brazo»… Dos compañeros me llevaron a la Casa de Socorro… Allí me vendaron y me enviaron al hospital de Mora… Entonces llegó mi madre…

Entré en un quirófano y, tumbado ya en la camilla, vi cómo salía de mi cuerpo y empezaba a elevarme hacia el techo… Y vi cómo los médicos y enfermeras toman mi brazo, lo amarran con correas y empiezan a realizar su trabajo…

En eso vi entrar en el quirófano a un cura agustino, con su sotana y su sombrero… Era el padre Clemente, amigo de mi tío Ignacio…

Y seguí elevándome, hasta salir del hospital… Entonces vi un círculo maravilloso… Y ese círculo se fue alejando y haciéndose más y más pequeño hasta quedar como un puntito…

Después desperté en el quirófano…

Algún tiempo más tarde conversé con el padre Clemente y reconoció que sí, que había entrado en el quirófano. Y me dijo: «¿Cómo puedes saberlo si estabas dormido?».

Nunca, en toda mi vida, he experimentado una paz y una felicidad como las que sentí en aquella experiencia… No tengo palabras para describirte la situación… Me encontraba feliz y dichoso, como nunca… Desde entonces, no tengo miedo a la muerte… Sé que después seguimos vivos.

El padre Clemente no aceptó el desdoblamiento de Juan Rivera. Y pensó que «aquello era cosa del diablo». Pobrecito…

Juan Rivera, en 1958, poco después de haber vivido una «experiencia cercana a la muerte». (Gentileza de la familia.)

LA NAVE

La llamaré Olga. Hace casi cuarenta años tuvo una experiencia espectacular cuando vivía en Tenerife (Canarias, España). En el interrogatorio me acompañó el añorado Paco Padrón, el mejor investigador ovni de las islas Canarias.

—Sucedió en agosto —nos informó Olga—. Tenía el coxis roto y me operaron. Pero hubo problemas. Sentí como un fuego muy intenso. No podía respirar. Fui consciente de que me daba un paro cardíaco. Y vi cómo salía de mi cuerpo. Me vi en la cama, acostada. En la cabecera, un médico trataba de tranquilizarme. Recuerdo que vi a las enfermeras, les hablaba... Les decía que estaba muerta... Tiraba de las batas, pero nadie me prestaba atención.

—¿Les tirabas de las batas?

—Las agarraba, pero no se daban cuenta. Entonces sentí una gran fuerza. Y me levantó. Salí de la habitación y me vi en un túnel. Era oscuro y muy ancho. Y flotaba, horizontal. El silencio era absoluto. Al fondo había una luz anaranjada. Vibraba.

—¿Ibas vestida?

—Sí, con algo blanco. Parecía una túnica.

—¿Y qué pasó?

—Salí del túnel y me encontré en un lugar maravilloso. ¡Un paraíso! Había flores de todos los colores. Era un campo muy verde. Vi un río de aguas cristalinas y un puente de madera.

—¿Cómo eran las flores?

—Enormes y brillaban. Pero lo más interesante era la paz. No puedo describirla.

—Inténtalo —solicitó Paco Padrón.

Olga dudó. Y guardó silencio.

—No existen las palabras —sentenció finalmente—. Era una paz y una serenidad absolutas. Eso, en la Tierra, no es posible.

—¿Había más gente?

—Sí, mucha. Pero no les vi las caras. Y por el puente de madera aparecieron mi madre y mi hermana, con una niña de la mano. Todas estaban muertas. Caminaban hacia mí. Cuando cruzaron el puente se detuvieron.

—¿Caminaban o flotaban?

—Yo vi que caminaban.

—¿Les veías las caras?

—Sí, eran ellas. Me sonrieron y me abracé a mi madre.

—¿Recuerdas cómo era el cuerpo?

—Sólido. Normal. Vestían todas de blanco, como yo. Y mi madre me dijo: «Tienes muchas cosas que hacer… Además, lo tuyo está concedido. Tienes deseos que cumplir».

—¿Concedido? —se interesó Padrón—. ¿A qué se refería?

Olga guardó un significativo silencio. Y proseguimos la conversación:

—Cerca de allí había un pueblo —explicó—. La gente entraba en la iglesia…

—¿Una iglesia?

—Sí, supongo que católica. Y le dije a mi madre que no me quería ir. Estaba en la gloria. Entonces vi una cosa muy rara. Era un objeto como un disco, como dos platos encarados. Era de metal.

—¿Un ovni?

—Eso me pareció.

Solicité que lo dibujara. En efecto: parecía una nave discoidal.

—En la gran puerta —continuó Olga— había dos seres, de pie. Eran muy altos. Y en el interior de la nave descubrí a otras personas. Eran seres humanos, como yo.

—Y los dos seres ¿eran humanos?

—No me lo parecieron. Mi madre, entonces, me gritó: «¡No te resistas!». Y me empujó. Caí en el interior de aquel objeto y uno de los seres me tomó de la mano. Entonces sentí cómo bajaba por un ascensor de luz. Se escuchaba un silbido muy fino y potente. Molestaba y me tapé los oídos.

—¿Conocías a los que estaban contigo en la nave?

—A ninguno. Todos vestían como yo, de blanco. Ahí terminó la experiencia. Lo siguiente que recuerdo es al médico. Me pegaba en la cara y preguntaba: «¿Has visto a san Pedro?». Y le contesté: «Sí, lo vi».

La «experiencia cercana a la muerte» vivida por Olga confirmó dos de mis sospechas. A saber:

1. En el «otro lado» hay más teatro de lo que imaginamos. Que yo sepa, en los mundo MAT no hay religiones ni iglesias.
2. El fenómeno ovni está más relacionado con la muerte y con los mundos MAT de lo que sospechamos.

Paco Padrón con Olga (izquierda) y la testigo con Juanjo Benítez.

Asombroso. Un ovni en la «experiencia cercana a la muerte» de Olga.
(Cuaderno de campo de J. J. Benítez.)

LA VIDA, EN UN SEGUNDO

Investigación llevada a cabo por Felipe Vivanco.

En Navidad de 1971, Juliane Koepcke vivió una «experiencia cercana a la muerte»... El avión en el que viajaba con su madre se estrelló en la selva peruana... Juliane cayó desde tres mil metros de altura... Las densas copas de los árboles amortiguaron la caída... La muchacha, que contaba diecisiete años de edad, sufrió varias fracturas, pero siguió viva... En esa caída vio la totalidad de su vida —como en una película— pero en el corto espacio de un segundo... Hoy, Juliane es una reputada zoóloga... Su aventura en la selva durante once días fue reflejada en el libro *Cuando caí del cielo*.

Enésimo testimonio. Solo los necios pueden negar la evidencia.

Juliane Koepcke.
(Foto: Susanne Krauss.)

¡BAJA!

En junio del año 2024, Laura de la Iglesia me escribía desde San Sebastián (Guipúzcoa, España) y contaba una «experiencia cercana a la muerte» vivida por su madre.

> … Ella estaba en el hospital… La habían operado de cáncer… Tenía de compañera de habitación a una monjita… Mi madre contó que estaba dormida y tuvo un sueño… En ese sueño se vio en un túnel… Al fondo había una luz… Mucha luz… Ella no sabía cómo describir esa luz… Decía que era maravillosa… Ella empezó a acercarse a la luz… No recuerdo si dijo que iba caminando o flotando… El caso es que avanzaba… Ella contaba que no tenía miedo… Que se encontraba muy bien y que se sentía de maravilla… Antes de llegar a la luz escuchó una voz que le decía: «No ha llegado tu hora… ¡Baja!»… En ese momento entró una monja que venía a visitar a la otra monjita… Y mi madre despertó… Ella se sobresaltó… Decía que estaba tan bien que no quería volver y que no se acordaba de nadie.

Estimo que la experiencia de la madre de Laura no fue un sueño. Vivió la típica ECM.

ALCE NEGRO

Tuve noticia de Alce Negro en el año 2018. Este indio norteamericano fue célebre por sus batallas contra el ejército yanqui. En 1890 fue herido en el estómago en la batalla de Wounded Knee. En 1904 se convirtió al catolicismo y se hizo catequista. Y contaba algo extraordinario: cuando tenía nueve años, encontrándose enfermo en su «tipi» (la tienda), tuvo una visión:

> Salí de mi cuerpo —explicaba— y volé a las alturas, hasta la cima de una montaña… Allí vi a los espíritus de Manitú… Eran muy altos, vestían de blanco y no tenían caras… Me dijeron que regresara… «Tu hora no ha llegado», proclamaron… Después me empujaron y volví al «tipi».

Alce Negro, de la tribu de los lakota, creyó siempre que había estado con Dios. En realidad vivió una «experiencia cercana a la muerte».

Alce Negro.
(Archivo: Nicholas Black Elk in chief's costume, 1937 (identifier 01287). Cortesía de © Ben Hunt / Archival Collections, Raynor Library, Marquette University.)

«NO ESTÁS LISTA»

En diciembre de 2018, Mariela Sedó me envió el siguiente correo electrónico:

> He leído los «Caballo de Troya» y sé que hay vida después de la muerte...
>
> Creo en esto desde niña ya que tuve una experiencia de muerte... Yo le pedía a Dios que me llevara ya que no le veía sentido a la vida...
>
> Soñé que moría... Pasé por un túnel a gran velocidad y me recibió un manto blanco... Por allí salí a una luz incandescente como las de un estadio...
>
> Y vi a un hombre... No alcancé a ver su rostro... ¡Era Dios!... ¡Luz pura!... Y me dijo con voz potente: «Aún no estás lista»...
>
> Y sentí que regresaba de igual forma: a la velocidad de la luz...
>
> Nunca más volví a pedirle a Dios que me llevara, aunque me hubiera gustado quedarme en aquel lugar... La paz era infinita... Es una paz que todo lo llena... No sé de placeres o dinero que puedan reemplazar a esa paz.

Marieta tomó la «experiencia cercana a la muerte» como un sueño. Poco importa... Lo desconcertante es que todos coinciden: «en ese lugar, la paz es absoluta».

MARY C. NEAL

Gracias al libro de Mado Martínez —*La prueba*— (lo recomiendo) supe de la terrible experiencia de Mary C. Neal, una cirujana norteamericana. Leo en el libro de la maravillosa Mado:

> … Año 1999… El verano chileno acogía con los brazos abiertos a Mary C. Neal y a su marido, una pareja de estadounidenses… No era la primera vez que navegaban en kayak —de hecho eran expertos en la materia—, pero aquel día esta cirujana de Wyoming iba a enfrentarse a la muerte en el río… Un accidente dramático la dejó atascada en una cascada… Sumergida bajo las aguas, trató desesperadamente de sacar la cabeza para poder respirar, pero comprendió enseguida que no había nada que hacer…
>
> Los intentos por rescatarla no fueron efectivos… Nada más ahogarse, y a pesar de que su cuerpo estaba atrapado en el agua, sintió cómo salía del río flotando… Y acudía al encuentro de unos seres maravillosos…
>
> «Era como si me hubiera liberado de mi alma —explicó a Mado—. Me elevé y salí del río… Y, cuando mi alma atravesó la superficie, me encontré con un grupo de entre quince y veinte almas (espíritus humanos enviados por Dios) que me recibieron con el más grandioso júbilo… No logré identificar a cada uno de los seres espirituales por su propio nombre… Pero sí conocía bien a cada uno de ellos y sabía que eran emisarios de Dios y que los conocía desde hacía una eternidad.»

Mientras tanto, sus amigos habían logrado sacar el cuerpo de Mary del agua... Estaba hinchado, morado y sin oxígeno... Habían transcurrido nada más y nada menos que catorce minutos desde que su amiga Anne había puesto en marcha el cronómetro... Empezaron a practicarle la reanimación cardiopulmonar, aunque algunos de los presentes recomendaron que no lo hicieran... Si lograban reanimarla —decían—, solo sería un vegetal...

Paralelamente, la cirujana seguía con su periplo en compañía de aquellos enigmáticos seres espirituales... Según la doctora Neal, estaban muy contentos de verla... Podía comunicarse con ellos sin necesidad de hablar...

Siguió su recorrido acompañada por estos seres de luz, hasta llegar a una especie de salón hermoso, diáfano y resplandeciente... Allí pudo palpar el amor puro...

«Comprendí que estaba lista para entrar al salón y anhelé volver a estar junto a Dios... Sin embargo se interponía un importante obstáculo: Tom Long (un amigo que los acompañó durante el viaje) y sus hijos seguían pidiéndole que volviera... Cada vez que me imploraban que respirara y que regresara, me sentía obligada a volver a mi cuerpo... Esto se volvió tedioso y su insistencia me produjo bastante irritación... Me enojaba el hecho de que no me dejaran ir... No obstante, antes de que regresara, se abatió sobre aquellos seres de luz una opresiva sensación de pena y tristeza y la atmósfera se volvió densa... Me explicaron que no había llegado mi momento de entrar al salón, que mi viaje por la Tierra no había terminado, que me quedaba más por hacer y que debía retornar a mi cuerpo»...

Efectivamente, Mary regresó, es decir, volvió a respirar... Se había roto las rótulas y los ligamentos de las rodillas.

He pensado mucho sobre la ECM de Mary Neal. Y algo me dice que la «tristeza y la pena que se abatió sobre aquellos seres de luz» fue puro teatro (una vez más). Insisto: después de la muerte no es posible el dolor ni el miedo ni la angustia. El lector sabrá sacar sus propias conclusiones...

Mary C. Neal poco antes del accidente. (Gentileza de Mado Martínez.)

Mary C. Neal, la cirujana estadounidense que vivió una «experiencia cercana a la muerte». (Gentileza de Mado Martínez.)

Mado y Juanjo Benítez, en Colombia. (Foto: Inma Domínguez.)

SHARON STONE

Fue Mado Martínez quien me informó también de la ECM. experimentada por la actriz norteamericana Sharon Stone. Así lo recoge Mado en *La prueba*:

... La historia se remonta a octubre del año 2001... Stone empezó a sufrir fortísimos dolores de cabeza... Su marido —Phil Bronstein— la llevó al hospital, en San Francisco (EE UU), y le diagnosticaron una hemorragia cerebral provocada por un aneurisma...

Stone se recuperó, pero confesó haber tenido una «experiencia cercana a la muerte»...

Declaró haber visto una luz blanca —que definió como una frontera con el «más allá»... Y se encontró con su madre, fallecida, y con las voces de sus hijos, también muertos durante el embarazo... Todos le animaron a regresar a la vida...

En una entrevista con Oprah Winfrey declaró «que la muerte es un lugar cercano... No está lejos... Está justo ahí... Es amor, es agradable y bueno... No hay nada de lo que sentir miedo... En aquella experiencia me sentí bien, en paz».

Stone le confesaría a la periodista Katie Couric: «Hice un viaje real que me llevó, al mismo tiempo, a lugares de aquí y de más allá... Me ha afectado tan profundamente que mi vida nunca volverá a ser la misma... La muerte no me asusta y debo contar a la gente que es un regalo... La muerte es algo glorioso y hermoso».

Las declaraciones de la mítica Sharon Stone tuvieron una enorme repercusión en su momento. «Alguien» —gracias a la actriz— inyectó confianza a los que temían a la muerte. Sí, todo está atado y bien atado...

Sharon Stone.
(Archivo: © Etienne Laurent / EFE.)

JANE SEYMOUR

Y ya que estoy con casos de ECM protagonizados por actrices, veamos lo sucedido a Jane Seymour, la popular «doctora Quinn».

La mujer enfermó de gripe y decidió ingresar en un hospital... Pero la enfermera encargada de inyectarle el antibiótico se equivocó y le pinchó en vena, en lugar de hacerlo en músculo...

La actriz entró en *shock* y relató: «Salí de mi cuerpo, literalmente... Me vi en la cama, rodeada de gente... Trataban de salvarme... Yo flotaba en un rincón de la habitación... Miraba hacia abajo... Recuerdo que me colocaban agujas... Entonces vi pasar mi vida delante de mis ojos... Recuerdo que solo me importaba vivir, para cuidar de mis hijos... Estaba allí arriba y pensaba: «No, todavía no puedo morir... No puedo dejar a mis hijos»...

Entonces le dije a Dios: «Si estás ahí, Dios, si realmente existes y sobrevivo, jamás volveré a decir tu nombre en vano»...

Y Jane regresó a su cuerpo... Desde entonces se convertiría en una mujer comprometida con el mundo espiritual... La «experiencia cercana a la muerte» le cambió la vida... «Yo sé que la muerte no duele —manifestó—. Cuando mueres vas a un lugar sereno».

Asombroso. Todos los que experimentan una ECM cambian sus vidas. Se vuelven más humanos y más espirituales. Es un adelanto de lo que seremos.

Jane Seymour.
(Archivo: © Lumeimages / imageBROKER / Album.)

ELIZABETH TAYLOR

Mado Martínez, en *La prueba*, recoge igualmente la «experiencia cercana a la muerte» vivida por la actriz Elizabeth Taylor:

> … Ocurrió durante una operación quirúrgica… La gran diva del cine entró en muerte clínica y fue declarada oficialmente muerta…
>
> Taylor aseguró que entró en un túnel y que vio una luz blanca al final de dicho túnel… Entonces se encontró con Michael Todd, su tercer marido, fallecido en un accidente aéreo…
>
> «Todd me habló —explicó la actriz— y me animó para que regresara a mi cuerpo.»

Nadie lo menciona al relatar las «experiencias cercanas a la muerte», pero yo sé que es así: los familiares que se presentan en las ECM «ya no son el padre, el esposo o la hija muertos. En el «más allá», el parentesco desaparece. Es otra realidad a la que tendremos que acostumbrarnos.

Elizabeth Taylor y Michael Todd, su tercer marido.
(Archivo: © Alamy / Album.)

EL ZAPATO ROJO

El caso investigado por Madelaine Lawrence y Kenneth Ring me impactó. He aquí una síntesis:

> Una paciente cuya identidad no ha sido revelada sufrió un paro cardíaco… Y experimentó una ECM…
>
> Al regresar a su cuerpo habló de un «viaje» fuera del hospital… Flotó sobre el edificio y vio un zapato rojo en una esquina del tejado…
>
> Lo comentó con una de las enfermeras y esta, sorprendida, se lo comunicó a uno de los médicos…
>
> Pues bien, el doctor subió al tejado y encontró el zapato rojo.

Prueba breve y contundente.

CIEGA DE NACIMIENTO

En julio de 1991 ocurrió algo en Roma que causó estupor entre los médicos que atendieron a «V. L.». Esta mujer sufrió un paro cardíaco mientras era operada. Y entró en la llamada «muerte clínica».

Después, al recuperarse, contó que había salido de su cuerpo y que flotó sobre el quirófano. Y relató cómo eran las ropas de los médicos y de las enfermeras, el instrumental que manejaban, los zapatos que calzaban y los comentarios que hacían.

Los doctores y enfermeras, como digo, quedaron desconcertados: ¡aquella mujer era ciega de nacimiento! ¿Cómo podía ver lo que aseguraba que vio?

El psicoanalista vienés Oscar Pfister aseguró «las ECM eran fantasías agradables autocreadas como defensa contra el miedo a la muerte». Pobrecito.

«ME SENTÍ AMADA»

En julio de 1988, Yolanda Marroquín, contadora pública, me escribía desde Monterrey, en México. Y enviaba la «experiencia cercana a la muerte» vivida por su madre.

> … Fue el 4 de febrero de 1961 —relataba Yolanda Martínez (la madre)— cuando ingresé en el sanatorio de la Marina, en Tampico… Padecía anemia y tuvieron que hacerme una transfusión…
>
> Todo fue bien pero, casi al final, empecé a sentir un fuerte dolor en la región lumbar… No podía respirar, me sentía cansada y la visión era deficiente…
>
> La enfermera regresó (había salido para traerme algo de comer)… Le dije que tenía un horrible dolor y salió a la carrera, gritando algo sobre un *shock*… En minutos me vi llena de cables… Estaba muy cansada y así se lo dije al doctor…
>
> Me dejaron sola y, al momento, entró en el cuarto un hombre vestido de negro… Se quitó el saco (la chaqueta) y vi la sotana… Era un cura… Dijo que venía a darme los Santos Óleos…
>
> Yo no había solicitado asistencia sacerdotal y, además, estaba muy alejada de la religión… Quizá, incluso, de Dios…
>
> Como pude le dije que no podía hablar… A él no le importó gran cosa… Montó un pequeño altar, colocó algo morado sobre el cuello, empezó a rezar y me untó aceite (creo) en la cara, pies y manos…
>
> Le dije que no quería morir (pronunciar aquellas palabras me costó un enorme esfuerzo)… Y él dijo que me resignara, «que

pronto estaría con Dios» y que no tuviera miedo de dejar a mi pequeña bebita, «pues Dios se encargaría de cuidarla, quizá mejor que yo»...

Se fue el cura y, aunque no deseaba morir, me sentía tranquila...

Entró de nuevo el equipo médico e indiqué al doctor que no podía respirar... Tenía puesto el oxígeno pero, aun así, me costaba respirar... Tenía mucho sueño... Y el médico recomendó que durmiera... Pero, al mismo tiempo, sabía que iba a morir y no quería dormirme...

Y empecé a pensar en mi vida... ¡Qué ridículos habían sido mis valores y objetivos!... ¡Todo era apariencia!... Me entristecí...

El sueño, finalmente, me venció... Pero yo seguía oyendo... Y escuché a la enfermera cuando le decía al doctor «que ya no tenía presión arterial»... Después oí al médico... Le dijo a la enfermera: «Avise al esposo... La señora acaba de morir»...

Quise decirles que seguía viva... No pude... Y, de pronto, volteé y vi mi cuerpo, en la cama... En la cama de al lado estaba mi bebita... Después volé fuera de la habitación y contemplé a mi esposo...

No entendía nada... E inmediatamente empecé a girar en el interior de un túnel...

Eso duró poco... Y me vi en un lugar lleno de penumbra... Vi un camino... Me sentía feliz, sin dolores y sin problemas... ¡Era yo!... ¡Estaba viva!... ¡Era maravilloso!...

Empecé a correr (o a flotar) por aquel camino hacia una luz brillante y hermosa... No era una luz cegadora... Y, conforme avanzaba, el camino se despejaba de sombras y yo me sentí amada como nunca lo fui... No puedo describir ese amor... Me sentía llena de paz... ¡Era feliz!...

Pero, de repente, me acordé de mi bebita y todo desapareció...

Abrí los ojos y vi a los doctores... Y pronuncié aquellas palabras: «Y Yolita (refiriéndome a mi bebita), ¿qué?»... Y volví a perder el conocimiento...

Después supe que había sufrido una hepatitis paratifoidea...

Hoy tengo dos hijas más y, gracias a Dios, las he educado, no como dicta la Iglesia católica, sino como dicta el amor.

Yolanda Martínez (madre de la bebita) me pareció una mujer especialmente inteligente e intuitiva. La Iglesia católica es otro invento humano. No fue fundada por Jesús de Nazaret. Ni se le pasó por la cabeza. Los Evangelios –lo he repetido muchas veces– son un naufragio. Están manipulados, según los intereses del momento.

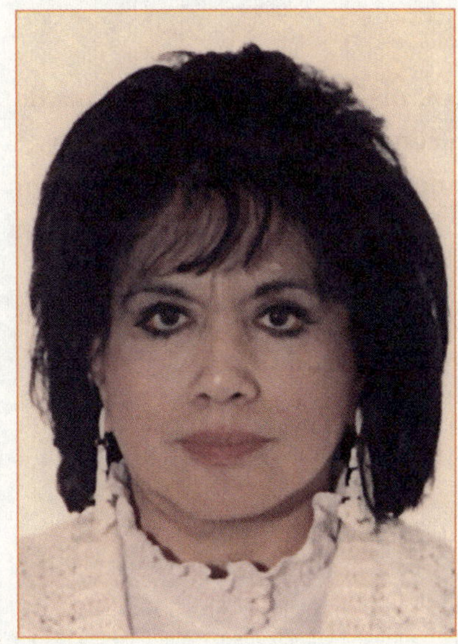

Yolanda Martínez, madre de la bebita. (Gentileza de la familia.)

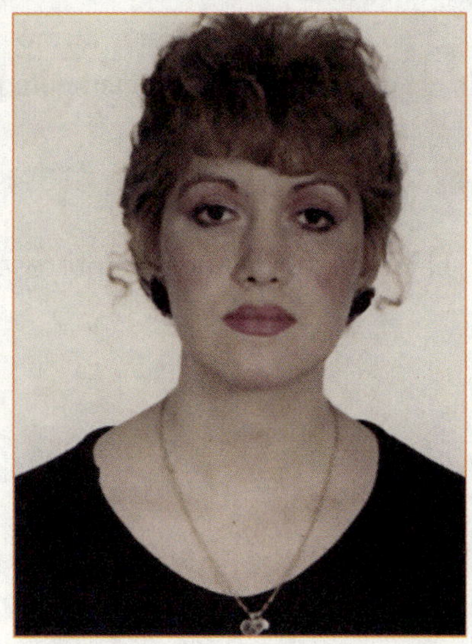

Yolanda Marroquín. (Gentileza de la familia.)

EL BOTIJO

Verónica Ciudad me escribe desde Alicante (España) y cuenta lo siguiente:

... Cuando tenía tres años de edad, más o menos, una hermana de mi abuelo me golpeó en la cabeza con un botijo... Fue sin querer...

Y me vi flotando en el techo del comedor de la casa... Veía mi cuerpo en el suelo, encogido... Y veía mis brazos como si fueran de cristal...

Entonces, alguien arrojó agua sobre mi cara y regresé a mi cuerpo... Entré directamente por la cabeza.

¿El Yo es transparente? Interesante cuestión...

ORO Y MÁRMOL

Le llamaré Frank (nombre supuesto). Conversé con él en San José de Costa Rica el 22 de agosto del año 2014. Fue limpiabotas. Ahora está jubilado.

—En el 2003 —me explicó— sufrí un infarto. Me llevaron al hospital y, de pronto, me desdoblé. Y vi mi cuerpo en la cama del hospital. Yo estaba en lo alto, en el techo de la habitación.

—¿Y qué pasó?

—Entré en un túnel y fui succionado a una velocidad impresionante. Al fondo distinguí una luz. Al llegar allí me encontré frente a una ciudad.

—¿Cómo era?

—Parecía de oro y mármol. Pero estaba vacía. No vi a nadie. Caminé y, cuando había recorrido unos quinientos metros, se presentó frente a mí un hombre con una túnica blanca.

—¿A qué distancia?

—A cosa de cinco metros.

—¿Viste la cara?

—No lo recuerdo. Era un ser luminoso. Y me dijo: «No es tu momento». Entonces empecé a caminar hacia atrás. Llegué al techo del hospital e ingresé en mi cuerpo. Y las constantes vitales se recuperaron. En ese lugar —añadió Frank—, en la ciudad de oro y mármol, fui especialmente feliz. No me dolía nada. No tenía miedo a nada ni a nadie. Me hubiera gustado quedarme en aquel sitio maravilloso.

Esta vez no fue una pradera o una montaña bellísimas. Esta vez fue una ciudad de oro y mármol. El teatro, en los mundos MAT, no conoce límites.

LA BOCA LLENA DE FLORES

En ese año (2014) conversé también en Costa Rica con Nita Arango. Me contó la siguiente «experiencia cercana a la muerte»:

—Yo vivía entonces en Ohio (EE UU). Fue en 2008. Me operaron del corazón. Tenía dos arterias bloqueadas.

Nita tenía entonces cincuenta y ocho años.

—Y ocurrió que al anestesiarme —prosiguió— me vi fuera de mi cuerpo. ¡Flotaba!

—¿Viste algún túnel?

—No. Eso sí: me sentí muy bien, muy feliz.

—¿Y qué pasó?

—Entonces se presentó ante mí un hombre.

—¿Lo reconociste?

—En principio no, aunque tengo la sospecha que era Jesús. Pero no le vi los ojos ni la barba. Salía luz de todo su cuerpo. Y lo más llamativo es que tenía flores en la boca. Calculo que unas diez o quince.

—¿Qué clase de flores?

—Rosas pequeñas y de diferentes colores. Entonces vi las caritas de mis tres nietos. Eso fue lo que me hizo regresar.

¿Rosas en la boca? Lo dicho: puro teatro (supongo que para impresionar al testigo). Y dudo mucho que ese personaje fuera el Maestro. No lo veo yo con flores en la boca...

FAJARDO

El 20 de septiembre de 2001 viajaba este pecador desde Tenerife a la isla de Hierro, en Canarias (España). Allí, en el *Villa de Agaete*, un barco de la compañía Transmediterránea, entablé conversación con Alfonso Fajardo, miembro de la tripulación. Y me contó la siguiente «experiencia cercana a la muerte»:

> ... Ocurrió en los Emiratos Árabes... Me contagié de malaria y vi el famoso túnel... Allí se presentó la cara de mi padre... En esos momentos supe que estaba muriendo...
>
> Al regresar a Cádiz lo confirmé...

Lo afirman muchos testigos: durante las ECM no hay tiempo. Y lo más importante: lo sabemos casi todo.

CHIPRE

En julio del año 2015 visité la isla de Chipre. Llevé a cabo varias investigaciones ovni. Allí conocí a Nina Kannaourou, guía profesional. Mientras caminábamos por tierras de Pafos, la mujer me contó lo siguiente:

> … Un conocido mío, cuya identidad no debo revelar, fue ingresado en un hospital de Nicosia… Estuvo en coma alrededor de un mes… Pues bien, al despertar me contó que había tenido una experiencia increíble…
>
> Salió de su cuerpo, entró en un túnel y vio una gran luz al final de dicho túnel…
>
> Cuando flotaba por ese túnel, en dirección a la gran luz, escuchó una voz que le decía que tenía que regresar…
>
> Fue entonces, al volver por el túnel, cuando vio dos «luces» que volaban hacia la gran luz… Y supo (no sabe cómo) que aquellas dos «luces» eran, en realidad, dos hermanos conocidos suyos…
>
> Los dos hermanos se habían matado en un accidente de moto… Mi amigo no podía saberlo porque el accidente tuvo lugar mientras él permanecía en coma… Cuando salió del coma, la familia le contó lo sucedido… Y él comprendió: aquellas «luces», en realidad, eran las almas de sus amigos…
>
> Cuando se recuperó fue a consultar el asunto con un obispo (ortodoxo)… Para el obispo, «la gran luz al final del túnel era la Virgen María».

En todas partes cuecen habas. Y entre los griegos ortodoxos también... No tengo la menor duda: aquella luz al final del túnel no tiene nada que ver con la Señora.

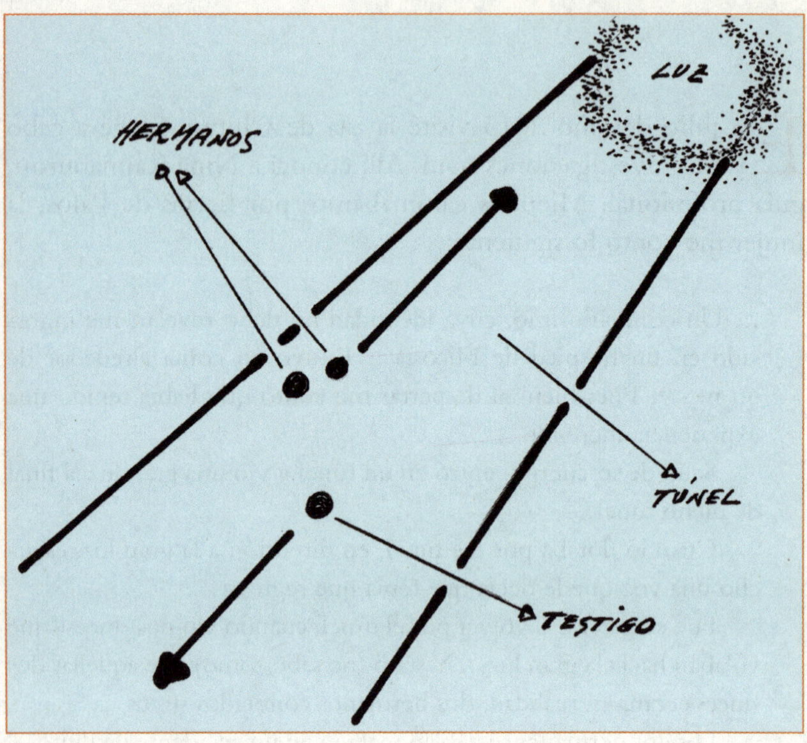

El testigo vio dos «luces» que se dirigían a la gran luz al final del túnel.
(Cuaderno de campo de J. J. Benítez.)

LA PACA

Viajé a Murcia (España) en agosto del año 2013. Pedro García me tenía reservada una sorpresa, una grata sorpresa.

—Sucedió el 5 de septiembre de 1997 —explicó—. Eran las fiestas de La Paca, mi pueblo.

La Paca es una pedanía de Lorca, en la referida provincia de Murcia. Pedro es un hombre sencillo al que le tocó vivir una extraordinaria «experiencia cercana a la muerte». Y siguió contando:

—Salí con mi hija. Entonces tenía cuatro años. Soltaron la vaquilla y tuve un mal presentimiento. Total: el toro se fue hacia mí y tuve el tiempo justo de apartar a la niña. La vaquilla me enganchó y me lanzó hacia arriba. Al caer contra el suelo perdí el conocimiento. Y vi un tubo blanco —como de nieve— que salía de mí.

—¿Cómo era ese tubo?

—Calculo que tenía unos cuatro o cinco metros de longitud y uno de ancho. Lo vi inclinado. Entonces empecé a subir por el interior de aquel tubo. Subía como el que asciende en el agua de la mar, por decirte algo. Desde allí lo veía y lo escuchaba todo. La gente me agarró y yo me puse detrás de ellos. Me acerqué a mi cuerpo y vi el cerebro.

—¿Cómo te sentías?

— Increíblemente bien. No me dolía nada. Estaba feliz. No te lo vas a creer… ¡Mi nuevo cuerpo tenía luz propia!

— Dices que veías tu cerebro…

—Así es. Y supe que no pasaba nada. Supe que la cogida del

toro no era grave. Yo miraba hacia las montañas y en eso vi a un niño. Detrás apareció la madre, en albornoz. Supe que acababa de ducharse. Días después se lo comenté. Era una vecina. Y preguntó: «Y tú, ¿cómo sabes eso?».

—¿Tuviste miedo?

—En ningún momento… Fue una experiencia muy gratificante.

—¿En qué pensabas cuando estabas en el interior del tubo?

—No lo recuerdo, pero pensaba mucho mejor que ahora.

—No comprendo…

—No sé explicártelo. Mi pensamiento era más lúcido y brillante.

—¿Tuviste alguna sensación física?

—Estaba feliz. No quería volver…

—¿Notabas frío o calor?

—Ni lo uno ni lo otro. Y me di cuenta de algo: ¡no pesaba nada!

—¿Y qué pasó?

—Al volver en sí me encontraba en el mismo sitio.

—¿Qué opinas ahora de la muerte?

—Nos venden un camelo… La muerte no existe.

—¿Le tienes miedo?

—Ninguno. Sé lo que nos aguarda y es maravilloso.

A partir de aquella experiencia, Pedro disfruta de un singular poder: puede curar con las manos.

La vivencia de Pedro me pareció interesantísima. Lo dije: es un hombre sencillo que vivió lo más grande.

«Un tubo inclinado salió de mi cuerpo.»
(Cuaderno de campo de J. J. Benítez.)

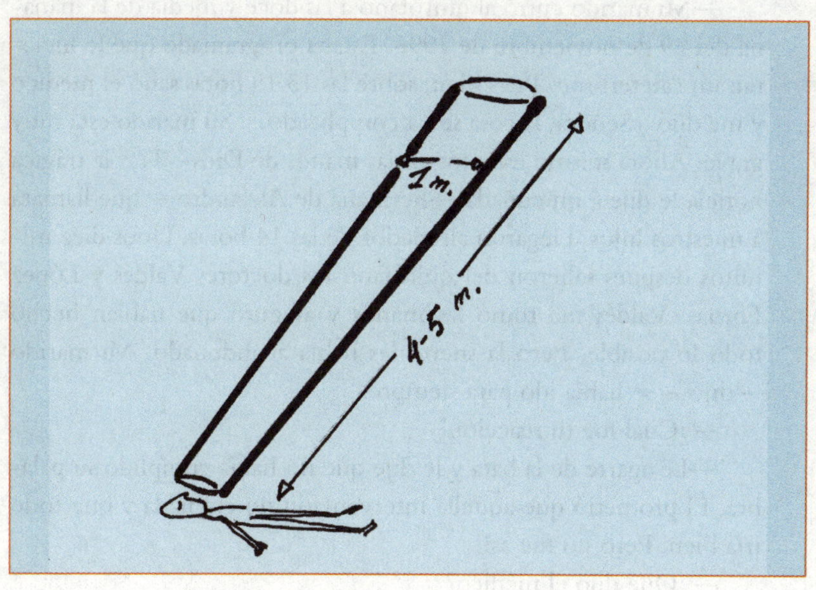

«Era como un tubo blanco, color de nieve.»
(Cuaderno de campo de J. J. Benítez.)

«LÁZARO»

El presente caso fue investigado —a fondo— por el investigador murciano Juan Antonio Ros. Algún tiempo después viajé a Murcia y conversé con los testigos y con los médicos. El verdadero mérito es de Ros.

Empezaré por la entrevista de Juan Antonio Ros a María Dolores Zapata, esposa de Alejandro Olmos:

—Mi marido entró al quirófano a las doce y media de la mañana del 29 de noviembre de 1996. Estaba programado que le hicieran un cateterismo. Pues bien, sobre las 13.15 horas salió el médico y me dijo: «Señora, la cosa se ha complicado… Su marido está muy grave. Ahora mismo estamos en las manos de Dios». Tras la trágica noticia le dije a mi cuñada —hermana de Alejandro— que llamara a nuestros hijos. Llegaron alrededor de las 14 horas. Unos diez minutos después salieron del quirófano los doctores Valdés y López Fornas. Valdés me tomó las manos y aseguró que habían hecho todo lo posible. Pero la suerte les había abandonado. Mi marido —dijo— se había ido para siempre.

—¿Cuál fue tu reacción?

—Le agarré de la bata y le dije que no había cumplido su palabra. Él prometió que aquella intervención no era nada y que todo iría bien. Pero no fue así.

—¿Qué dijo el médico?

—Nada. Se le saltaron las lágrimas. Dio media vuelta y se marchó.

—¿Cómo te sentías?

—Destrozada. Mi marido no quería hacerse el cateterismo. Yo le obligué. Lo hice por su bien. Era la tercera vez que le había dado aquel dolor en el pecho. Fueron tres avisos. El cateterismo era la única solución para averiguar si Alejandro tenía las arterias taponadas.

—¿Y qué hiciste?

—Me acerqué a una ventana, en una sala de Urgencias, en la zona de Radiología. Estaba abierta y miré al cielo.

—¿Por qué?

—Busqué a Dios. Y le pedí por mi marido… Entonces llegó aquella brisa.

María Dolores guardó un momento de silencio.

—No te puedo explicar qué ocurrió realmente —prosiguió—. No encuentro las palabras. Lo que sí te puedo asegurar es que sentí algo muy especial. Aquello —fuese lo que fuese— me llenó de una paz increíble y me hizo saber que mi marido no estaba muerto. Fíjate: estaba tan convencida de esto que no derramé una sola lágrima.

—¿Piensas que el Padre Azul te envió una señal?

—Fue algo inexplicable. No hay palabras…

—¿De dónde procedía esa brisa?

—No lo sé. Pero tampoco tengo claro que fuera una brisa.

—¿Entonces?

—No sé explicarlo.

—¿Viste algo?

—Nada.

—¿Qué sentiste en esos momentos?

—Una paz interior increíble y la seguridad de que mi marido seguía con vida.

—¿Y qué hiciste?

—Me acerqué a mi hijo. Estaba tumbado en el suelo, llorando. Y le dije que dejara de llorar porque su padre estaba vivo. Pues bien, a los diez minutos de la notificación de la muerte de Alejandro regresó el doctor López Fornas y nos dijo: «Alejandro ha vuelto a respirar… ¡Ha resucitado!». Y nos comunicó que trasladarían a mi esposo al hospital Virgen de la Arrixaca para operarlo a corazón abierto. En el cateterismo, una aorta había sido seccionada.

—¿Qué había ocurrido?

—Según contó el doctor Valdés, tras darnos la noticia del fallecimiento, regresó al quirófano y retiró la sábana que cubría el cuerpo de Alejandro. Mi marido murió con los ojos abiertos. Pues bien, al quitar la sábana de la cara, Alejandro tenía los ojos cerrados. Valdés le puso una pajita en la boca y esta se movió. No tenía explicación, pero aquel paciente había vuelto a la vida. Una vez en la Arrixaca, Valdés me buscó y me dijo que la Medicina no había podido hacer nada. «Si Alejandro está vivo —aseguró—, es gracias a algo sobrenatural».

—¿Un milagro?

—Eso creo… Al día siguiente, en la sala de espera de la UCI, Valdés volvió a acercarse a mí y me dijo: «Señora, en aquel quirófano estábamos once personas: seis cardiólogos, tres internistas y dos auxiliares… Su marido estaba conectado a numerosas máquinas… No tuvimos duda: su marido estaba muerto, muertísimo. Y lo estuvo durante dos horas y quince minutos… Soy especialista de primer nivel en cardiología. Sé lo que digo y también sé lo que vi… De otro modo, nunca le hubiéramos dado la noticia de su muerte». El discurso del médico terminó con unas frases que me impresionaron: «Si no creen en Dios ya va siendo hora de que crean. Nosotros no hemos salvado a su marido».

Alejandro Olmos recibió treinta y dos desfibrilaciones. Le abrasaron la piel del pecho. Y «vio» algo extraordinario…

Me entrevisté con él, en la compañía de Ros. Y refirió lo siguiente:

—Yo tenía entonces cuarenta y ocho años. Era empresario. Poco a poco fui perdiendo la fe. Un año antes del percance le pedí a Dios una señal.

—¿Qué señal?

—Algo que me devolviera la fe. No se lo dije a nadie. Y fue en la Manga donde me dio la primera angina de pecho. Me llevaron al hospital y perdí más de dos litros de sangre. Yo escuchaba a los médicos: «¡Dale otra!... ¡Se nos va!... ¡Se ha ido!». Pero lo más asombroso es que les veía y les oía ¡desde lo alto del quirófano! Mi cuerpo estaba allí abajo y yo en el techo. Vi cómo me dieron cinco pinchazos en el corazón.

—¿Cómo te sentías?

—Muy bien. No quería volver... Y los médicos decían: «Es inútil que sigamos... Este hombre ha fallecido». Y Valdés me dio otra descarga —la última— y me levantó un metro de la camilla. «Es inútil —repitieron—. Vamos a dar la noticia.» Me desconectaron y me taparon la cabeza con una sábana.

—¿Seguías viéndolo todo desde el techo del quirófano?

—Así es. Veía y oía.

—¿Y qué pasó?

—Entonces, no sé cómo, vi cómo se abría una puerta...

—¿Seguías en las alturas?

—Sí. En esa puerta había mucha luz. Y vi a dos personas. ¡Eran mi padre y mi madre! Pero estaban muertos. Mi padre falleció veinte años atrás y mi madre dieciséis. Y me dijeron: «Regresa. No es el momento». Y me empujaron. ¡Los dos a la vez!

—¿Cómo te empujaron?

—Con las manos. Entonces regresé a mi cuerpo. El resto ya lo conoces. Los médicos empezaron a llamarme «Lázaro».

¡Qué manía! ¿Por qué se empeñan en empujar a los casi muertos? ¿Sigue el teatro?

María Dolores Zapata.
(Foto: Juan Antonio Ros.)

Alejandro Olmos, con Juanjo Benítez. (Foto: Juan Antonio Ros.)

Juan Antonio Ros (izquierda), con Alejandro Olmos (en el centro) y Juanjo Benítez.

CIRI

La llamaré Ciri. No estoy autorizado a revelar su identidad. Cuando se llevó a cabo la grabación (noviembre del año 2022 en Madrid), Ciri tenía noventa años. La «experiencia cercana a la muerte» la tuvo con setenta y nueve. He aquí un resumen de la vivencia:

> ... La experiencia se registró en el año 2011... Fue un 17 de septiembre... Estábamos en una celebración, un aniversario de boda... Éramos unas cien personas... Nos encontrábamos en un restaurante en la Puerta de Toledo (Madrid)...
>
> Cuando terminamos de comer sentí un dolor muy fuerte en la cabeza... Y caí sobre Agustín, mi marido... Recuerdo que me lamenté: «¡Ay, Agustín, qué dolor!»... Es lo último que recuerdo...
>
> Fue un infarto... Llamaron a urgencias... Un sobrino y otra persona me hicieron el boca a boca... Pero no respondí... Me trasladaron al Hospital Clínico y allí permanecí siete días, en coma...
>
> En esos siete días estuve soñando... Vi una pradera grande, muy grande, preciosa, con árboles con hojas de cinco dedos en cada hoja... Yo tengo un castaño igual en la casa del pueblo... Las hojas son como manos...
>
> Y así estaba, disfrutando de la pradera, cuando miré hacia abajo y vi una lápida blanca, muy blanca... Presentaba una cruz igualmente blanca...
>
> Entonces dije: «Señor, ahora no... En este momento no... Hago falta en mi casa»...

La visión desapareció y continué en coma... A los tres o cuatro días fue cuando recordé este extraño sueño...

No sé cuánto tiempo duró la visión... Fue muy placentera... Tampoco sentí ninguna presencia...

Recuerdo que, al ver la lápida y la cruz blancas, pensé en mi niña, la que murió de leucemia a los seis años... Jamás he tenido un sueño como este.

Ciri asegura que fue un sueño «muy potente». Yo tengo mis dudas. Me inclino, más bien, por una ECM.

LA CERCA

Grabación realizada en diciembre de 2012 en Miami (Estados Unidos). Gabán es un cubano que no le teme a nada ni a nadie. Es ateo.

—En 1967 —explicó— me encontraba en Cuba. Trabajaba en el campo. Y se me paró el corazón. Estuve dos minutos muerto. Trataron de reanimarme, pero no lo conseguían. Alguien, entonces, tomó un cable eléctrico y provocó una descarga sobre mi pecho. En ese tiempo, muy breve, me vi en un campo verde.

—No comprendo…

—Yo tampoco… De repente estaba en una pradera preciosa. Y vi una cerca, una valla metálica.

—¿Veías tu cuerpo?

—No. Pero sabía que era yo.

—¿Y qué pasó?

—Allí estaba él, al otro lado de la cerca de alambre.

—¿Jesús de Nazaret?

Gabón me miró, desconcertado. Y replicó muy serio:

—Recuerda que soy ateo… ¡Era Cándido, mi abuelo! Llevaba muerto algunos años.

—¿Qué aspecto tenía?

—Muy joven. Le eché unos veinticinco años. Murió con ochenta y pico. Y lo más desconcertante es que su cuerpo era como el cristal: transparente. Del cuerpo salía una luz blanca, muy dulce.

—¿Te dijo algo?

—Sonrió y dijo que regresara, con las manos. Después abrí los ojos.

Gabón hizo un sabroso comentario:

—No sabía yo que en el cielo hubiera cercas metálicas…

Y yo tampoco. De nuevo el teatro...

EL TATUAJE

Cierto día recibí una amable carta de M. T., policía local en Cataluña. En la misiva me contaba la siguiente «experiencia cercana a la muerte»:

> … Hice la «mili» en Melilla (año 1979)… Concretamente en el Tercio Gran Capitán, de la Legión… De lo cual me siento muy orgulloso… Allí sufrí una alergia a la penicilina… Y puedo decir que estuve al borde de la muerte… Aquello duró unos tres minutos, aproximadamente… Hasta que el médico pudo inyectarme el antídoto…
>
> No salí de mi cuerpo, pero pude ver la totalidad de mi vida como si fuera una película… Fue una visión rápida… Yo era consciente que me moría…
>
> El médico me pinchó dos o tres veces en el antebrazo izquierdo, pero la aguja no entraba… Y yo muriéndome… Pasó al antebrazo derecho, en el que tengo un tatuaje de Jesús de Nazaret, y ahí sí entró la aguja… Entonces sentí que me estabilizaba… Y me dije: «Manuel, de esta te has librado… Jesús está conmigo».

Hermosa suposición: Jesús de Nazaret lo salvó.

«VUELVE, HIJO»

Esperanzadora la «experiencia cercana a la muerte» que vivió José Antonio Maclas. He aquí una síntesis de su amable carta:

> ... Esta experiencia que le narro sucedió cuando tenía 28 años... El día 22 de enero de 1981, acostado, escuchaba Radio Gaceta de los Deportes (programa de Radio Nacional de España), dirigido por Joaquín Ramos...
>
> Eran, aproximadamente, entre las nueve y las diez de la noche... Yo permanecía despierto, acostado boca arriba... De pronto empecé a sentir un fuerte dolor en el pecho y dificultades para respirar... Y me sentí invadido por un frío que empezó por los dedos de los pies, recorriéndome progresivamente todo el cuerpo, hasta la cabeza... Esa angustiosa situación me puso en tensión e intenté hacerle frente, pero no pude...
>
> El frío me iba entumeciendo... Y me vi paralizado... No podía respirar... El sonido de la radio se desvanecía lentamente...
>
> Me levanté de la cama y comprobé —desconcertado— que mi cuerpo se había elevado hasta casi tocar el techo de la habitación... Pero no... Al mirar hacia abajo vi mi cuerpo, acostado, y con los ojos abiertos... Y me pregunté: «¿Qué hago aquí?»...
>
> Me sentía feliz... No tenía miedo... Todo lo contrario: sentía un bienestar que no había tenido en toda mi vida...
>
> En ese momento observé cómo mi nuevo cuerpo irradiaba una luz blanquecina... Era algo extraordinario... Me sentía en paz, con un amor y una felicidad que jamás he experimentado...

Observé a mi mujer, dormida junto a mí, y a mi hija Teresa, en su cuna, junto a la cama... En aquel entonces contaba cinco meses de edad...

Miré a mi alrededor... Nada había cambiado... Empecé a caminar hacia la puerta de la habitación y, antes de llegar al salón, escuché una voz femenina que, con dulzura, me dijo: «Vuelve, hijo... Todavía no debes estar aquí»...

Un instante después se vino hacia mí un punto de luz muy brillante que se fue expandiendo y transformándose en una especie de puerta... Todo fue muy rápido... La luminosidad era enorme, pero no molestaba a los ojos...

Cuando penetré en esa «puerta» me encontré en en una pradera... Allí había personas —adultos y niños— y animales... Vestían túnicas blancas... Me sonreían y saludaban con las manos... Yo miraba a mi alrededor, asombrado... Las flores tenían unos colores jamás vistos... El cielo era azul, con algunas nubes blancas, como el algodón... El campo y los árboles eran de un verde espectacular... Todo era luz y color... Me sentía tan feliz que no quería volver...

No sé cuánto tiempo duró aquello... De pronto se aproximó un hombre muy alto, con una túnica blanca... No le vi la cara o no la recuerdo... Me tocó en el hombro y, con una voz suave y apacible, me dijo: «Tienes que regresar... Ya te lo han dicho»...

Seguidamente abrí los ojos y me vi acostado en la cama, junto a mi mujer, que seguía dormida... El programa deportivo lo seguí escuchando hasta que, rendido por lo sucedido, me quedé dormido...

Han pasado cuarenta años y en mi mente siempre he tenido presente aquella experiencia... El miedo a la muerte ha sido superado... Si aquella es otra forma de vida, demos gracias a Dios por tan bella esperanza... Hoy tengo sesenta y ocho años... Y sé que la muerte no es el fin... ALGUIEN, en otro lugar, nos espera.

Hermosas y certeras afirmaciones de José Antonio Macías. Al «otro lado» nos aguarda la felicidad permanente (algo de difícil comprensión en la materia). Al «otro lado» no nos espera el Padre Azul, pero no importa... Eso llegará en su momento.

UNA GRAN ACUARELA

En septiembre del 2018 recibí un largo correo electrónico procedente de Curitiba, en Brasil. Lo firmaba Darlene Coelho. En síntesis decía así:

> … En el año 2004, cuando estaba en el séptimo mes de embarazo, sufrí una eclampsia.[1] El 7 de septiembre me ingresaron y, a partir de esos momentos, experimenté la clásica ECM… Yo lo llamo «un vistazo a todo lo que existe»… Siempre es difícil describirlo porque no hay forma de comparar…
>
> Lo que puedo recordar es mucho menos romántico que lo que cuentan las películas… No crucé por ningún túnel… No fui hacia ninguna luz… No encontré a ningún pariente muerto… Solo recuerdo que yo era «todo conciencia»…
>
> El estado vibratorio en el que estaba no era una singularidad… Había una conciencia generalizada y, al mismo tiempo, era posible SER (en cualquier escala que decidiera la conciencia)… En ese estado no hay diferencia entre los seres, la naturaleza, el planeta o el universo… No hay barreras… Todo se mezcla como una gran acuarela…
>
> En ese estado me di cuenta de lo siguiente:
>
> 1. Hay múltiples dimensiones.
> 2. En la dimensión en la que estuve, tiempo, espacio, bueno, malo, correcto, incorrecto, agresor o víctima no existen.

1. Tensión alta durante el embarazo. *(N. del a.)*

3. Lo que cada «Yo» experimenta en la vida es una elección.
4. El proceso de abandonar el cuerpo es más importante que la muerte en sí misma».

Para ser sincero, comprendí a medias lo expuesto por Darlene. Solicité más información, pero no hubo respuesta.

En algo sí estoy de acuerdo: más allá de la materia hay infinitas dimensiones (nuestra mente no está preparada para entenderlo). Y lo más importante: casi todos los seres humanos son voluntarios. Nacen para experimentar y vivir una aventura que, generalmente, no se repetirá.

UNA LUZ QUE ABRAZA

La llamaré «Luz azul». Es escritora y poeta. Hace años me escribió la siguiente carta:

... Un día, el hallazgo de un quiste hidatídico pegado al hígado, recomendó una intervención quirúrgica...

Yo era muy joven... Tenía una niña pequeña que se quedó en la casa de los abuelos...

Y así, una mañana, entré al quirófano, con un libro bajo el brazo, por si había algún retraso...

En principio, todo era sencillo y fácil... Pero, cuando la cirujana tocó el quiste con el aspirador, el quiste estalló y, con él, la vena cava... Y una corriente de veneno entró en el torrente sanguíneo... Y sufrí un *schock* anafiláctico... Y mi corazón se detuvo... Muerte clínica...

Lo que vino después es extraordinario... Me vi flotando en el quirófano... Era liviana... Era yo, pero sin malestar ni dolor... Yo veía mi cuerpo, abajo, en la camilla del quirófano... Veía mi rostro, sereno, con los ojos cerrados y a los médicos sobre mi cuerpo, manipulando algo que no veía...

Todo era paz... Una paz más allá de la palabra...

El jefe de Servicio, que operaba en otro quirófano, cuando supo lo que ocurría, dejó a su paciente en otras manos y salió corriendo hasta llegar a mí... Y, sin pensarlo, agarró un bisturí e hizo un corte en mi cuerpo... Y con la punta de los dedos fue golpeando mi corazón hasta que comenzó a latir de nuevo...

Y regresé a la vida… Pero entré en coma… Y fue en esas circunstancias cuando tuve otra singular experiencia…

Tumbada boca arriba sobre un «suelo» cálido y cubierta con una tela blanca, muy ligera, de pronto, una luz blanca lo inundó todo… Era una luz que abrazaba…

El «suelo» se inclinó despacio y yo empecé a deslizarme por debajo de la tela… Ya no veía mis pies… Entonces sentí una gran paz… Y mi mente le decía a alguien: «Mi pequeña… Tengo que volver»…

Cuando dejé de estar en peligro, estos «viajes» a la luz desaparecieron…

Paz. Siempre la paz a la hora de dejar el cuerpo físico.

«Luz azul». (Gentileza de la familia.)

Uno de los libros de «Luz azul». (Archivo: J. J. Benítez.)

ALGO CÁLIDO

En febrero del 2022 recibí un interesante correo electrónico. Lo firmaba María. Lo resumiré:

... El 5 de febrero del año 2010 sufrí una parada cardiorrespiratoria... Estuve «muerta» durante tres minutos... Mi garganta se cerró... Noté un mareo y supe con toda certeza que aquello era el final... Y la luz se fue... Dejé de ver... Solo sentía el olor a alcohol y un frío metálico... Notaba cómo sacudían mi cuerpo... Luego solo frío...

Luchaba por no irme... Buscaba la forma de aferrarme a la vida hasta que algo cálido y pacífico entró en mí...

Y me dejé llevar... Me rendí a la paz...

Y noté cómo ascendía en un vaivén, como si me acunaran... Me explico: subía como cuando cae una pluma, pero al revés... En lugar de caer subía...

Lamentablemente no recuerdo más... Ahí hizo efecto la segunda descarga y empezó el tremendo dolor de volver a la vida... Otra vez el frío y la brusquedad...

Trataba de entrar en mi cuerpo pero no «cabía»... No encajaba bien... Y mis ojos (supongo que el nervio óptico) se conectaban unos segundos para volver a desconectar y dejarme ciega de nuevo... Entonces regresó el miedo...

Estuve en coma varias horas... Los médicos dijeron a mis familiares que no sabían si volvería... Hice un intento (según explicaron los doctores) pero desperté convulsionando... Y me indujeron otro coma... Al día siguiente regresé a este mundo (milagrosamente, según los médicos)».

Lo dicho: cada ser humano llega frente a la muerte y abre esa puerta de una manera distinta. ¡Qué misterio!

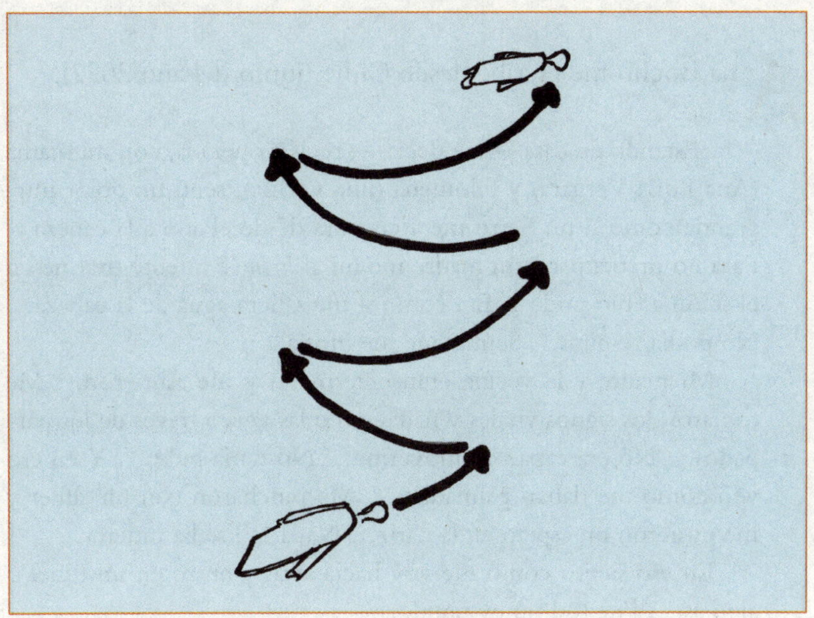

«Como una hoja que sube.» Así fue la ECM de María.
(Cuaderno de campo de J. J. Benítez.)

«¿ESTOY MUERTA?»

na Bocho me escribe desde Chile (junio del año 2022).

... Estando en casa —me decía—, recién operada, con mi mamá (Ana Luisa Vergara) y Filomena (una vecina), sentí un dolor muy grande como si un fierro me atravesara desde el ano a la cabeza... Para no preocupar a mi madre me fui al *living* e intenté tirarme en el sillón... No pude... Era como si me saliera agua de la cabeza... No podía respirar... Sentía que me moría...

Mi madre y la vecina eran enfermeras y me asistieron... Me tomaron los signos vitales y nada... Yo las veía a través de los párpados... No era capaz de moverme... No tenía pulso... Y en eso veo cómo me daban palmaditas... Me pincharon con un alfiler y me pusieron un espejo en la nariz... Nada... Estaba muerta...

En eso siento cómo me voy hacia atrás y entro en un túnel o algo así... Fue todo muy rápido...

Me detengo y estoy en una sala, toda blanca... Yo me encontraba en una camilla... Miré y lo toqué todo... Fue algo muy extraño... Toqué los muros... Eran de metal... No sentía ruido... Las paredes estaban heladas...

Y empecé a pensar que no estaba muerta... ¿Estaba en el interior de un ovni?... ¿Había sido abducida?... ¿Era aquello una nave?...

De pronto se abrió una pared y entró un ser rubio... Pensé en el Sagrado Corazón... No caminaba: flotaba... Era bello... Entonces le dije: «¿Estoy muerta? ¿Esto es una nave?»... Me miró con amor y respondió: «No, Ana… No estás muerta»… Y volví a preguntar: «¿Esto es una nave?»… Pero no replicó… Se limitó a sonreír muy tiernamente… Entonces se aproximó, colocó una mano en mi espalda y la otra en el pecho y sentí un fuego que me quemó el pecho… Y me dijo: «Aún no»… Me empujó y caí en el túnel…

Lo siguiente que recuerdo fue la cocina de casa…

Yo estaba sentada y mi madre lloraba… Y le dije: «Mami, ¿dónde me fui?»… Y ella respondió: «No has ido a ninguna parte… Estabas muerta»… Y me tocaba y lloraba, al igual que la vecina».

De nuevo el ovni y el empujón. ¿Teatro o realidad?

Dibujos de Ana, en los que relata su «experiencia cercana a la muerte».

TÚNEL CURVO

Luis Fernando Abril me relató la siguiente «experiencia cercana a la muerte»:

> ... Sufrí una caída desde nueve metros de altura... En esos segundos vi mi vida completa, como si de una película se tratase...
>
> Cuando caí al suelo, después de gritar varias veces, perdí el conocimiento... Y vi algo extraordinario: un túnel curvo, a la izquierda, y, al final, una luz...
>
> No sabía dónde estaba... Veía mi imagen de espaldas, por delante...
>
> De repente sentí como si alguien o algo tirase de mí hacia atrás...
>
> Todo estaba oscuro... La sensación de paz era indescriptible...
>
> Años después visité a un amigo de mi padre que estaba enfermo de cáncer... Lo habían operado dos veces... Pues bien —según contó—, en la segunda intervención estuvo más de treinta segundos clínicamente muerto... Y describió lo que había visto... Fue asombroso: el mismo túnel y la misma luz... Él llegó más lejos... Al final del túnel vio a una persona vestida de blanco, que emitía luz... Tenía el rostro difuminado, como si una neblina le cubriera la cabeza.

Más que el túnel, me impresionó la visión de la vida de Luis Fernando Abril en aquellos dramáticos segundos, mientras caía desde nueve metros. ¿Qué tecnología es capaz de algo así?

EL CERRO

En agosto del año 2018 recibí una carta procedente de Chatsworth, en California (Estados unidos). La escribía Ricardo Jochamowitz.

… Ocurrió en el invierno limeño de 1974 —relataba—. Yo vivía entonces en Lima… Un sábado por la noche me encontraba con dos amigos: Juan Ballón y Juan Carlos Causillas… Jugábamos al billar… A Ballón no le gustaba este juego y sugirió que fuéramos a dar un paseo en auto… Aceptamos y nos fuimos hacia el este, hacia la sierra…

Esa noche, mi padre me había prestado su auto —un Toyota Corona, nuevo, comprado en diciembre de 1972—. Era un carro muy rápido…

Me gusta mucho manejar (conducir)… Los tres amigos éramos muy aficionados a las carreras de coches…

Hacia las once de la noche paramos en una gasolinera, calibramos la presión de las ruedas, echamos gasolina y partimos rumbo a la sierra… Esa carretera era muy sinuosa, llena de curvas… En menos de cincuenta kilómetros pasas del nivel del mar a tres mil metros…

Subía rápido pero muy seguro… Hacía los cambios adecuados… Aceleraba y frenaba con precisión… En otras palabras: me divertía como chancho en charco…

Un par de horas después, a cosa de cien kilómetros de Lima, decidimos parar en una venta… Tomamos un café y regresamos… Eran las dos de la madrugada…

De regreso, la carretera central se recorre con los cerros a la derecha y el precipicio a la izquierda…

Pues bien, a los quince minutos vivimos una de las experiencias más aterradoras de nuestras vidas…

Manejaba muy rápido y, debo admitirlo, de forma temeraria e imprudente… El velocímetro señalaba 120 kilómetros por hora… Tenía una curva a la derecha que evitaba un cerro al frente… Cambié de cuarta velocidad a tercera, frené y encaré la curva… De pronto tenía el cerro frente a mí… La pista doblaba a la izquierda inmediatamente… Era una «S» corta y cerrada a 90 grados… Vi el cerro, enorme, frente a mí…

Juan Carlos, que viajaba en el asiento del copiloto, se agarró a lo que pudo, esperando el impacto… Juan, en el asiento posterior, se echó para atrás y grito: «¡Frena!»… Cambié a segunda, solté el pie del embrague, doblé el timón (volante) hacia la izquierda y vi cómo el cerro pasaba ante mis ojos, de izquierda a derecha… La maniobra fue tan violenta que el auto empezó a girar sobre su eje…

«¡Frena!», volvió a gritar mi amigo Juan… Pisé el freno y el auto se detuvo… Puse la primera velocidad, giré 180 grados y reanudamos la marcha hacia Lima…

Nadie se atrevía a hablar… El silencio fue total…

Y aquí viene lo extraordinario… Cuando vi el cerro frente a mí sucedió algo muy raro… Sentí que abandonaba mi cuerpo… El tiempo transcurría despacio, muy lento… Podía ver la cara de Juan Carlos, a mi lado, con los ojos cerrados, esperando el impacto… Pude ver el rostro de Juan, en el asiento de atrás, con los ojos muy abiertos y lleno de terror… Me veía a mí mismo cambiando de tercera a segunda, soltando el pie izquierdo del embrague… Veía cómo mis manos giraban el timón hacia la izquierda… Veía cómo el morro del auto se movía lentamente hacia la izquierda, evitando el cerro… Después veía la oscuridad y la carretera, alumbrada por los faros del auto… El coche seguía girando, en sentido contrario a las agujas del reloj… Y esperé a que al auto se detuviera… Pisé el embrague, quité la marcha y presioné el pedal del freno… En ese momento, al pisar el freno, noté cómo caía, pesadamente, sobre mi cuerpo…

Nunca pude atribuirme semejante maniobra… Había desafiado las leyes de la física (sobre todo las de la inercia)… Por la velocidad que llevábamos debimos haber impactado contra el primer cerro y después, de rebote, con el segundo… E impactar igualmente con el guarda riel que nos protegía del abismo… Nada de esto pasó… Sentí que «alguien» tomaba el control del coche…

En el camino de regreso a Lima solo el viento y el ruido de los neumáticos en contacto con la pista nos acompañaron… Amanecía… Y llegando a Lima, por unos segundos, un haz de luz se abrió paso entre las nubes e iluminó la pista delante nuestro… Ahora lo sé: fue voluntad del Padre Azul que nada nos pasara esa noche…

Hice un bosquejo que trata de explicar lo sucedido… Y, viéndolo, observo con sorpresa la tremenda desaceleración que experimentamos… Calculo que de 90 kilómetros por hora a la parada total pudimos recorrer unos 25 metros… Después de hacer los cálculos pertinentes comprobé que la distancia necesaria para frenar eran ¡50 metros!… Es decir, el doble de lo recorrido realmente (a 90 kilómetros por hora)…

Una vez más, gracias Padre Azul por proteger a este humilde mortal y a sus dos amigos en un accidente que pudo ser fatal.

La de Jochamowitz es la primera «experiencia cercana a la muerte» (que yo sepa) en la que el testigo sale de su cuerpo mientras conduce un auto y sin haber sufrido un fallo orgánico. Asombroso. ¿O no debería hablar de una ECM?

Ciertamente, cuanto más investigo, menos sé...

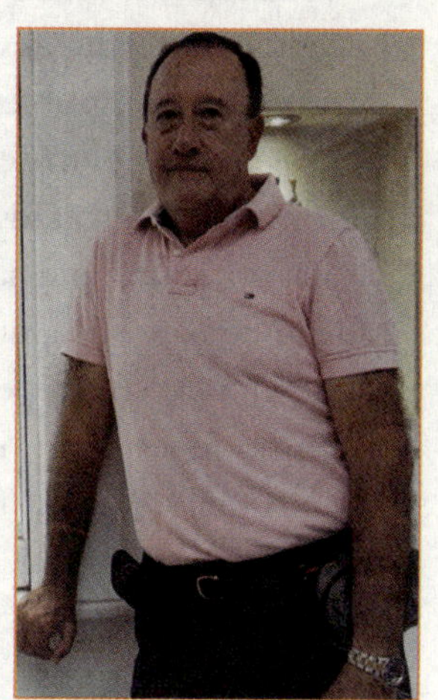

Ricardo Jochamowitz.
(Gentileza de la familia.)

UN LUGAR MARAVILLOSO

En marzo del año 2022, María Elena me escribía desde Albacete (España) una larga carta (catorce folios por ambas caras). En ella contaba una serie de experiencias y solicitaba que respetara su intimidad. Cuando lo solicitan, así lo hago. Para mí es sagrado.

> ... En primer lugar —explicaba— debo decirle que mi padre sufrió una caída en la madrugada del 22 de enero de 2014... Se cayó en su casa... No sé el motivo, aunque intuyo que fue la telepatía lo que hizo que me sentara en la cama, al tiempo que mi hermano (que vive en Madrid) hacía otro tanto... Ambos nos despertamos preocupados por mi padre... Al poco sonó el teléfono... Mi madre me llamaba, apurada, desde el hospital... Mi padre había sido ingresado... Los siguientes días transcurrieron sumidos en una angustia y tristeza indescriptibles...
>
> Mi padre entró en coma (un coma inducido)... Era la muerte en vida... Pasaron los días y salió del coma... Pues bien, estando en casa, nos relató que había estado en un lugar maravilloso... Un lugar lleno de paz y de amor... Esa paz y ese amor —decía— no eran de este mundo... Y repetía que «todo el mundo era bueno y que todos estaban muertos»... Y, mirándonos, decía: «Pero yo he vuelto»...
>
> Aquello nos dejó perplejos y llenos de esperanza...
>
> En otra ocasión le pregunté si había visto a Dios... Mi padre era profundamente creyente... Y me dijo que sí... Yo insistí y él repitió: «Lo he visto»...

Tuvo una recuperación milagrosa… Tenía ochenta y dos años… Pudo volver a hablar, vestirse, comer y comunicarse… Los médicos no daban crédito».

Cuando interrogué a María Elena sobre la imagen de Dios (observada por su padre durante la «experiencia cercana a la muerte»), la mujer repitió lo que le había dicho su progenitor: «Azul… Dios es azul»… No logró sacarlo de ahí.

Era la segunda vez que recibía la misma información.

La primera me la proporcionó Durdana, la niña paquistaní que también experimentó una ECM. La pequeña y el albaceteño se refirieron a Dios como «algo o alguien azul». Ninguno de los dos supo jamás de la existencia del otro.

SANDRA Y CHRISSY

«Experiencia cercana a la muerte» investigada por Tony Najarro:

... El relato lo hizo una doctora del Hospital General de Vancouver, en Canadá...

Sandra tenía cuatro años cuando contó que había estado con su amiga Chrissy, un año menor... Ambas sufrían de leucemia... Lo asombroso es que Chrissy había fallecido unos días antes...

Las niñas hicieron amistad en el referido Hospital General... Allí recibían tratamiento contra la leucemia... Esto las obligaba a permanecer mucho tiempo en la planta de Oncología... Y terminaron convirtiéndose en muy buena amigas... La amistad duró varios meses...

Chrissy fue la primera en morir... Sandra no lo supo... Vivían en lugares apartados y no tenían parientes o personas en común... Al morir su amiga, Sandra no se encontraba en el hospital... Ante la gravedad de la niña, los médicos decidieron enviarla a su domicilio para que pasara allí sus últimos días...

Al poco del fallecimiento de Chrissy, Sandra entró en coma... Su médico, el doctor David Smith, catedrático de Pediatría, se encontraba al lado de la pequeña cuando esta despertó del coma...

Sandra contó lo siguiente: «Había estado en el cielo... Y su amiga Chrissy jugó con ella»... Le dijo que no tuviera miedo... Chrissy la guiaría cuando Sandra se reuniera con ella...

Sandra explicó que vio una hermosa luz de color blanco brillante que iluminaba el cielo...

Según el doctor Smith, Sandra se encontraba increíblemente tranquila

Conforme terminaba su relato, la niña entró de nuevo en coma… Murió al día siguiente…

Los médicos y científicos de la Universidad de British Columbia, en Canadá y los del departamento de Pediatría de la Universidad de Washington (Estados Unidos) estudiaron el caso y solo encontraron una explicación: «es la prueba de que hay vida después de la muerte».

Se puede decir más alto pero no más claro.

COMIDA GRATIS

«Experiencia cercana a la muerte» vivida por un médico nigeriano. Así lo contó el diario *The National*:

… Estado de Nasarawa (Nigeria)… Municipio de Toto… Un médico llamado Godwin U. Amadu «resucitó» a los tres días de haberse certificado su fallecimiento y cuando estaba punto de ser enterrado…

Amadu murió cuando contaba cincuenta y nueve años de edad… Era el 5 de septiembre del año 2022…

Los restos siguieron el procedimiento habitual: depósito de cadáveres y preparación de las exequias…

Cuando los amigos y familiares se encontraban en el cementerio, para asistir al enterramiento, el doctor Amadu se levantó del ataúd…

Después contó lo que había visto y experimentado en lo que él suponía el «más allá»…

—Mi viaje al cielo —aseguró— fue tranquilo… La nube se abrió y vi algo parecido a un gigantesco satélite dorado… No sabría decir si esto es lo que la Biblia llama el cielo… Allí me recibió un ángel de 75 pies de altura (25 metros)… Permanecía de pie frente a la puerta… El ángel tenía una hermosa espada y presentaba un cabello amarillo… Miré a mi alrededor y descubrí otros dos ángeles… Aparecían detrás del gigante… Sostenían libros y panfletos que contenían la palabra de Dios… Los tres ángeles mantuvieron una breve discusión entre ellos y después me permitieron entrar en la ciudad del cielo... Allí me encontré con un amigo de la infancia... Se llama Choko Aguma y murió hace veintidós años... Fue él quien me llevó a recorrer la ciudad... En ese lugar, todo el mundo se dedica a adorar a Dios...

Amadu dio detalles sobre la referida ciudad y aseguró haber visto el trono de Dios.

—... Allí —explicó— la comida se sirve gratis y en gran cantidad... El cielo es un lugar pacífico, tranquilo, silencioso y muy luminoso... Vi miles de ángeles, de gran estatura, que no paraban de conversar sobre Jesucristo... La verdad es que deseé no regresar a la Tierra... Pero ahora que he vuelto dedicaré mi vida al servicio de Dios.

Según la esposa del «resucitado», Amadu se pasa el día orando.

No me cabe duda: en la «experiencia cercana a la muerte» del doctor Amadu todo –o casi todo– fue teatro. Si Yavé no fue Dios,[2] y si la Biblia es un naufragio, ¿qué pintaban esos ángeles con la palabra de Dios entre las manos? ¿Por qué hablaban sin cesar sobre el Maestro? Jesús de Nazaret es un Hombre-Dios, pero no es el Padre Azul ni el Hijo Eterno. ¿Y qué pintaba aquel ángel con una espada? ¿Desde cuándo los ángeles portan armas? ¿Por qué los tres ángeles discutieron? No puedo imaginar a los espíritus en plena bronca. ¿Y qué pensar de la comida abundante y gratis? Según mis noticias, en los mundos MAT no se come (al menos como en la materia). Lo dicho: puro teatro.

Amadu.
(Archivo: J. J. Benítez.)

2. Ver *Las guerras de Yavé* (2023). *(N. del a.)*

VIO EL PARAÍSO

Beatrice Fuca era una niña de 13 años. Sufría una grave enfermedad, incurable. Un tumor cerebral le produjo una parálisis progresiva. Los últimos meses de su vida los pasó en la cama. Vivía en Foligno (Italia).

Los médicos del Policlínico Gemelli confirmaron lo avanzado del tumor cerebral y aconsejaron que la niña fuera trasladada a su casa para que muriera junto a su familia. En esos últimos días, Beatrice fue atendida por Massimo Sperandio, médico de cabecera.

—Cierto día —cuenta Franceso Fuca, padre de Beatrice—, el doctor se dio cuenta de que nuestra hija no respiraba. Le tomó el pulso y manifestó: «Ha terminado, ha muerto». El doctor Sperandio, a pesar de todo, trató de reanimarla. Le dio un masaje cardíaco y le siguió suministrando oxígeno durante casi una hora. Y, de pronto, Beatrice abrió los ojos y habló. Su voz eran normal. No deliraba. Estaba lúcida, como si regresara de un largo sueño. Y Beatrice dijo: «Estuve en un sitio maravilloso, todo lleno de luz… Es un país bellísimo donde la gente se ama… Ahora quiero ver a papá».

A los veinte minutos murió.

Ese día, las campanas del convento de Santa María in Campis, en Foligno, doblaron a fiesta. La decisión la tomó el párroco, el franciscano Piccione. Consideró que Beatrice «se encontraba feliz, en un lugar maravilloso». Es decir, VIVA.

¡Bravo por el franciscano! Piccione sí comprendió.

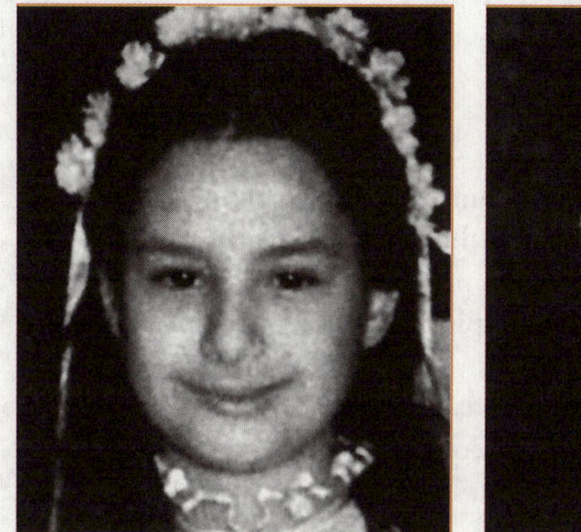

Beatrice Fuca (izquierda) y el párroco de Foligno. (Archivo: J. J. Benítez.)

«CAMPANILLA»

Conocí al doctor Vila durante años. Era jefe del Servicio de Medicina Preventiva del hospital Virgen Macarena de Sevilla (España). Era experto en microbiología. Enrique Vila, alias «Campanilla», era un sabio despistado y mejor persona. Compartí con él algunas investigaciones. Me enseñó mucho. Vila fue un incansable buscador de la verdad. Y trabajó durante años en el estudio de las «experiencias cercanas a la muerte». Fruto de esa incansable investigación fue su libro *Yo vi la luz* (2009). (Lo recomiendo.)

Como un pequeño homenaje a su memoria he decidido incluir en este libro un puñado de casos de ECM, investigados directamente por él. Por supuesto, jamás investigo lo que otros investigadores de campo han investigado antes que yo. Para mí, esas investigaciones son sagradas.

Enrique Vila.
(Foto: J. J. Benítez.)

BALDOSAS NEGRAS Y BLANCAS

El 28 de febrero de 1994, E. G., empresario sevillano, de cincuenta y cuatro años de edad, sufrió un infarto de miocardio…

Todo empezó con un fuerte dolor en el plexo solar… Alarmado, se trasladó al hospital Virgen del Rocío, en Sevilla… Lo monotorizan y él percibe cómo los latidos del corazón son cada vez más débiles…

Entonces siente cómo se separa de su cuerpo físico… Él nota algo que describe como «energía pura, formada por innumerables puntos luminosos»…

Se incorpora de la camilla y abandona su cuerpo físico… Y se separa del mismo… Todo ha perdido definición… Las formas anatómicas son muñones luminosos…

Esta forma etérea se sitúa delante de la camilla en la que reposa su cuerpo físico y es testigo de las maniobras de reanimación que le practican médicos y enfermeras… Dice el testigo que lo ve como si fueran los negativos de fotografías…

Al registrarse el desdoblamiento —prosigue la investigación del doctor Vila—, lo primero que ve el testigo es una luz de color anaranjada, que no molesta… Y empieza a hablar consigo mismo, diciéndose que no puede morir, que tiene un hijo pequeño, deudas y que su muerte sería la ruina de su familia…

A continuación sale de la estancia, atravesando el cuerpo de la enfermera que se encuentra más próxima…

Y, de pronto, se encuentra frente a un túnel oscuro... Y siente que es succionado hacia el interior de dicho túnel... Una tenue niebla cubre el suelo, aunque, al poco, empieza a desaparecer... Y descubre grandes baldosas negras y blancas...

El testigo no quiere penetrar en ese lugar...

Blasfema y pide a Dios que no se lo lleve...

En esos momentos escucha una voz que le habla en español... Cree identificarla como la de su difunto padre... La voz tiene un matiz burlón... Y le dice: «¿Te vas a morir ahora, hijo de puta, con lo bien que puedes vivir?»...

En esos instantes —no sabe cómo— regresa a su cuerpo físico... Abre los ojos y comprueba que siguen las maniobras de reanimación...

Un aspecto curioso —explica «Campanilla»— es el siguiente: en la vida física, el testigo es sordo total del oído derecho y utiliza un audífono para el izquierdo... En la ECM, sin embargo, oye perfectamente la frase que le dedica su difunto padre en el túnel...

A partir de esta experiencia, el empresario pierde el miedo a la muerte y valora más esta vida.

Cuando comenté este caso con Enrique Vila, ambos estuvimos de acuerdo: tras el dulce sueño de la muerte, nuestro cuerpo será igual, pero diferente. Ese cuerpo glorioso carecerá de sangre, de aparato respiratorio y de entrañas. No tendrá sistema reproductor. En otras palabras: se terminó el sexo, el papel higiénico y las compresas. Pero, que no cunda el pánico... Hay algo infinitamente mejor que un orgasmo. ¿Adivina qué?

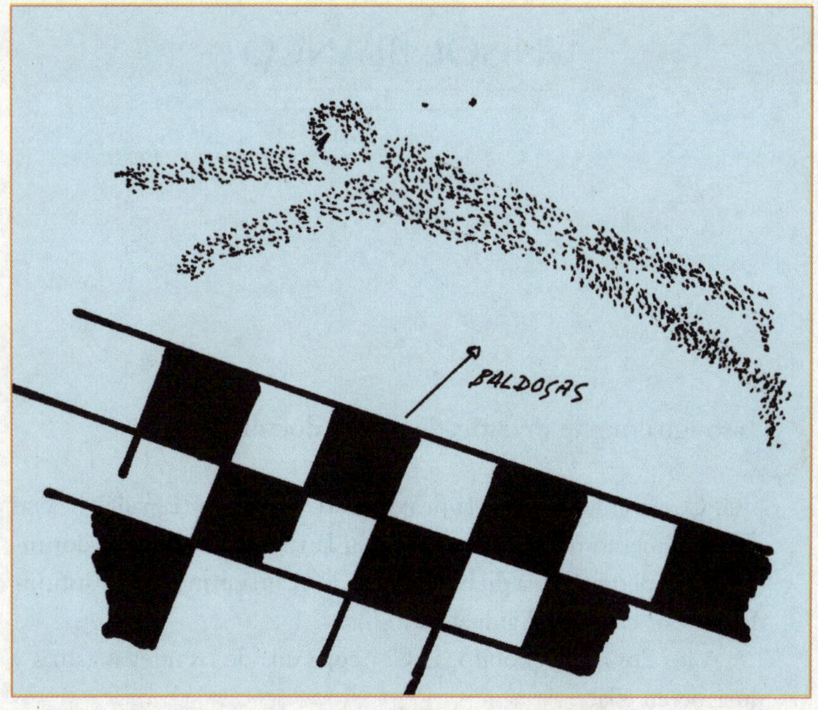

El nuevo cuerpo aparecía formado por millones de puntos luminosos.
(Cuaderno de campo de J. J. Benítez.)

UN SOL BLANCO

Caso igualmente investigado por el doctor Vila:

C. C. era enfermera en la provincia de Córdoba (España)... Tras el fallecimiento de la madre de C.C., la familia modifica el dormitorio que perteneció a dicha señora... La cama principal es sustituida por dos camas individuales...

A los dos días del óbito, C.C. ocupa una de las nuevas camas y duerme en ella...

A la mañana siguiente se percata de que tiene otro cuerpo... Y ve su cuerpo físico en la cama... Este nuevo «cuerpo» se calza las zapatillas y viste una bata... Al mismo tiempo escucha una voz que le dice: «¡Ven... ven!»...

El nuevo cuerpo —traslúcido— comienza a levitar... Atraviesa la ventana y penetra en un túnel ascendente de unos 20 o 25 metros de longitud y 60 centímetros de diámetro...

Al final del túnel aparece una puerta oval, cerrada, tras la que se observa una luminosidad... Esta luz se filtra por las rendijas de la puerta...

Cuando C.C. llega frente a la puerta oval, esta se abre y la enfermera ve un cielo azul, muy bello, pero con tonalidades distintas al de la Tierra... Allí aparece un sol blanco con tornasoles dorados... El suelo está cubierto con una hierba verde, rara... Y vio una serie de árboles cuajados de flores de colores rosa y malva...

Sentados al pie de los árboles distingue a siete personas que no conoce y que van vestidas como los patricios romanos...

Uno de esos seres se aproxima —estaban a unos quince metros— y C.C. reconoce a su madre, recientemente fallecida… El aspecto de la muerta corresponde al que tenía cuando contaba veinte años… Al morir tenía cincuenta y dos…

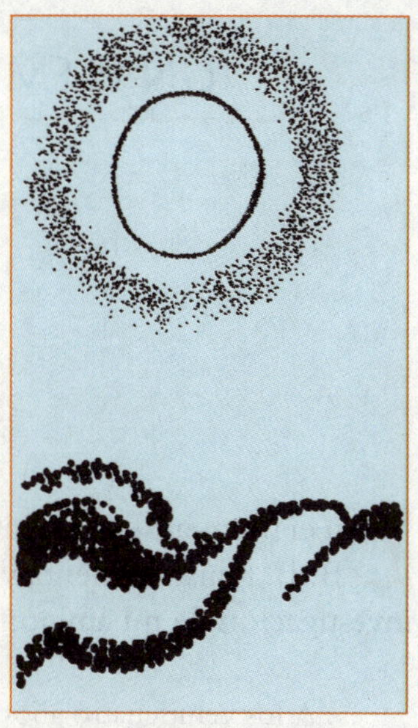

Vio un sol blanco. (Cuaderno de campo de J. J. Benítez.)

La madre se desplaza sin tocar el suelo… No le ve las manos ni los pies… Y C.C. le pregunta, asombrada: «Tú estás muerta… ¿Cómo te presentas como si estuvieras viva?»… La madre responde «que está muerta solo para la vida material y que está esperando junto al resto del grupo para ir a otro lugar»… Entonces aconseja a la hija que se marche… Su momento no ha llegado… Pero C.C. no quiere regresar… La madre insiste y termina empujándola…

«Entonces sentí como si tirasen de mí hacia atrás.»

C.C. abrió los ojos y se vio en la cama del dormitorio… Y supo que aquella experiencia era algo íntimo, de lo que no debía hablar con nadie… C.C. tenía dieciséis años.

¡Qué manía! ¿Por qué tienen que empujar a los candidatos a muertos? ¿O estamos de nuevo ante otro teatro?

«UN ELEMENTO ESPECIAL»

En el momento de ser interrogada por el doctor Vila, la señora B. B. tenía cincuenta y un años. Era ama de casa. He aquí la investigación de mi amigo:

… A los veinticuatro años, B.B. sufrió un accidente de tráfico… Y perdió el antebrazo derecho… Mientras la operan, la mujer observa cómo ha salido de su cuerpo físico…

Entonces entra en un largo túnel, muy ancho, y avanza por él… No sabe si camina o levita…

Desde el interior de ese túnel observa cómo los médicos tratan de salvar su brazo… Ve cómo le suministran anestesia en grandes dosis y cómo llevan a cabo una transfusión de sangre… Y escucha las conversaciones de los cirujanos y las enfermeras…

Al final del túnel observa una luz blanca que no le molesta…

Y empieza a contemplar su vida, desde pequeña… Las imágenes se suceden nítidas y en color… En aquel repaso a su vida aparecen las imágenes de sus abuelos maternos y el abuelo paterno… Se queda asombrada porque ella no los conoció en vida…

En la luz blanca del fondo del túnel se destaca un ser, con una túnica blanca, que le indica que debe marcharse… Y le informa que está embarazada… B.B. no sabía en esos momentos que estuviera embarazada… Posteriormente, el embarazo fue confirmado…

Al final de la gestación, B.B. vio a una entidad —a la que llama la Señora— que le comunicó que su marido moriría el mismo día del parto… Y así fue… Se mató en un accidente de tráfico…

B.B. perdió el miedo a la muerte y empezó a «ver» el futuro… A mí —explica «Campanilla»— me anunció sucesos (que se cumplieron) y me calificó de «elemento especial»…

El caso de B.B. me recordó lo sucedido a mi supuesta madre, cuando era niña y vivía en Málaga. Un ser luminoso se presentó en la casa y anunció a mi abuela materna «que su esposo se estaba ahogando». La Siciliana (mi supuesta madre) fue testigo del anuncio. En efecto: en esos momentos, el pesquero en el que navegaba mi abuelo se fue a pique. Mi abuelo logró salvarse. Y digo yo: ¡qué mala leche por parte de los cielos!

VISIÓN DE 360 GRADOS

Caso investigado por el doctor Vila:

C. G. tenía sesenta años cuando me refirió su «experiencia cercana a la muerte»... Era ama de casa y residía en la provincia de Sevilla (España)... Entre 1993 y 1994 sufrió tres pérdidas de conocimiento... Se descubrió un bloqueo en la rama izquierda y le fue implantado un marcapasos... El 26 de enero de 1995, al practicarle un cateterismo, sufrió dos paradas cardíacas... En la segunda perdió la conciencia... Entonces, en ese estado, se ve flotando... Y asciende en posición decúbito supino (boca arriba)... Y desde esa posición observa todo lo que sucede debajo de ella... Ve cómo acuden numerosos médicos y personal sanitario que rodean a los tres miembros del equipo que le están practicando el cateterismo... Se entera de que hay dificultades para encontrar la vía... Lo ve todo, con una visión de 360 grados sin necesidad de volver la cabeza... Uno de los médicos, muy nervioso, exclama: «¡Se nos va... Se nos va!»... A continuación ve un túnel recto, largo y oscuro... No sabe precisar su longitud... Y avanza, flotando, por dicho túnel... Al fondo observa una luz blanca, intensa... Conforme se acerca, la luz empieza a molestarle... No ve ninguna figura... Al llegar frente a la luz se detiene... Y empieza a oír voces... Y retrocedió en el túnel... Es entonces cuando escucha las voces de los facultativos, en las maniobras de recuperación... «¡Vuelve! —dicen—. Era difícil encontrar la vena»... Y la mujer despierta... «Si esto es morir —resumió C. G.—, quiero morir».

La testigo describió algo que no podía saber: en ese estado, su visión era total (360 grados). Es otra de las características de los mundos MAT. En ese lugar, nuestros cuerpos disfrutarán de setenta sentidos.

Portada del libro del doctor Enrique Vila.

UN CUERPO ENERGÉTICO

Cuando el doctor Enrique Vila interroga a J. L. C., este agricultor sevillano contaba cincuenta años de edad.

... En febrero de 1986 —explicó—, un camión que marchaba hacia atrás me arrolló, causándome graves heridas...

Caí al suelo y vi cómo salía de mi cuerpo... No sé por dónde ni de qué forma... Era un «cuerpo» de consistencia energética... Gracias a él lo percibía todo...

Me elevé y, acto seguido, vi mi vida —toda— desde niño... Eran como diapositivas... Me vi junto a mi padre, cuidando un rebaño de cabras... Me vi bañándome en el río... Me vi jugando al fútbol, montando en bicicleta con mi primo... Siempre me vi sonriente... Ninguna escena era negativa... En las últimas imágenes me vi saliendo de la iglesia, el día de mi boda... Después me vi con mi hija, cuando tenía dos o tres años...

Y vi también, desde aquella posición elevada, cómo la gente se arremolinaba a mi alrededor y trataba de auxiliarme...

Entonces apareció aquella luz blanca... Estaba lejos... Y me fui acercando a ella, pero girando sobre mí mismo...

En la luz se distinguían unos bultos... Diez o doce, calculé... Lucían cabelleras y barbas blancas... Pero no los conocía... Eran jóvenes... Podían rondar los treinta y cinco años... Y empezaron a decir «sí» con la cabeza... En eso escuché una música desconocida... Podía ser una lira...

Y la luz se fue haciendo más y más grande... Entonces perdí

de vista la luz y me encontré de nuevo en mi cuerpo físico... Me asombraron las heridas provocadas por el camión.

Según el testigo, contempló del orden de 15 diapositivas de su vida. Y todas de tiempos felices. Importante precisión: al «más allá» solo nos llevaremos lo que merezca la pena. Lo negativo morirá con el cuerpo.

TODOS BOCA ABAJO

F. A. S. fue minero. Vivió en Asturias (España). El doctor Vila lo interrogó e incluyó el testimonio en su libro *Yo vi la luz*. Veamos una síntesis de aquella entrevista:

> ... F. A. S. vivió su «experiencia cercana a la muerte» a los veintiocho años de edad... En el momento de nuestra conversación tenía setenta y dos...
>
> Este minero tuvo que ser ingresado en el hospital como consecuencia de una infección por tétanos...
>
> A los treinta y dos días de su ingreso experimentó algo muy extraño... De pronto desaparecen los dolores... Entra en un estado de gran tranquilidad y empieza a elevarse... Es consciente de que no tiene cuerpo... F. A. S. habla de una energía...
>
> Desde esa posición —en lo alto de la habitación—, el minero observa a las personas que están con él: un hermano, un amigo y una monja... Lo asombroso es que F. A. S. contempla a esas personas ¡boca abajo!...
>
> A continuación aparecen dos luces, separadas entre sí... Son blancas, brillantes y no molestan a la vista... Son dos luces solitarias...
>
> F. A. S., entonces, penetra en un túnel... Lo define como un ojo de puente cuadrado... Mide cinco por cinco metros...
>
> Al final del túnel ve un paisaje blanco... Es pura nieve... Pero el testigo no menciona el frío... Ese paisaje le recuerda el polo Norte... No hay ríos ni ningún otro accidente geográfico... La nieve se pierde en el infinito...

Sin saber cómo aparece de nuevo en la habitación… Allí siguen su hermano, el amigo y la monja.

Al conocer este nuevo caso solo se me ocurre la ya comentada historia del «teatro» por parte de los jefazos que gobiernan los mundos MAT. ¿Qué necesidad hay de que los parientes y amigos del testigo se presenten boca abajo?

Visión del minero durante su «experiencia cercana a la muerte».
(Cuaderno de campo de J. J. Benítez.)

MÚSICA CELESTIAL

Séptimo caso de ECM, investigado por el doctor Vila:

... F. D. fue secretaria... Residía en Oviedo (España)... Cuando contaba treinta y dos años de edad tuvo que ser intervenida quirúrgicamente... El problema eran las varices... Pero la operación se complicó...

En esos instantes, la paciente observa cómo se encuentra fuera de su cuerpo, a la altura del techo del quirófano... Y observa a los médicos, operando...

Durante la intervención, la secretaria escucha a uno de los médicos: «¡Que se nos va!... ¡Que se nos va!... ¡Ha habido una parada cardíaca!»...

Y la testigo observa cómo empiezan las maniobras de reanimación... Le dan masajes cardíacos... Entra el anestesista y solicita que sigan los masajes cardíacos...

Desde el techo observa cómo la intuban... El electrocardiograma aparece plano...

De pronto, el corazón empieza a latir y oye: «¡Que vuelve, que vuelve!»...

Lo siguiente que recuerda es un lugar azul, maravilloso, iluminado por una luz de color marfil... Y empieza a oír música... La testigo la califica de «música celestial», relajante, dulce y suave... No ha escuchado nada igual en su vida...

No ocurre nada más... No se presenta ninguna entidad ni hay revisión de su vida, como en otros casos de «experiencia cercana a la muerte»... Sin embargo, en el caso de esta mujer se registró un hecho singular...

Sin saber cómo, F. D. observa la imagen de su abuela, muerta, en un ataúd, amortajada y cubierta con una sábana de color blanco... La reconoce... La música sigue sonando...

Se da la circunstancia de que la abuela está siendo operada en otro hospital y de algo sin mayor importancia... Pues bien, la intervención de la abuela se complica y esta fallece en la mesa de operaciones...

La experiencia de la secretaria termina ahí... F. D. regresa a su cuerpo y, días después, se entera de la muerte de su abuela.

Asombroso. ¿Durante una ECM es posible ver el futuro? ¿Cómo puede estar alguien en dos sitios a la vez?

«¡ADIÓS... ADIÓS!»

En este último caso de ECM, investigado por Enrique Vila, se habla de E. Z., una empresaria de León (España).

... Esta mujer vivía en una grave situación de estrés, debido a la enfermedad de su marido... Pierde el conocimiento, cae al suelo y se golpea la cabeza...

En esos momentos, la mujer se ve en el techo de la casa... Desde esa altura observa su cuerpo, con el rostro contra el suelo... Llega el marido, intenta reanimarla... Grita... Le propina palmadas en la cara... La esposa no reacciona...

La mujer percibe la angustia del esposo...

Al despertar, el marido queda perplejo... La esposa no respiraba... ¿Cómo podía saber que le dio palmadas en la cara?...

Durante su ECM, la empresaria leonesa se encontró con tres tipos de «siluetas»... Los seres —asegura E. Z.— aparecen de pie sobre una nube... Ocho de estas «siluetas» son altas (1,80 metros)... Tres son muy bajitas (1 metro) y el resto tiene una altura intermedia...

Todas las «siluetas» visten igual: pantalones azules y camisas blancas...

Cada ser porta un pañuelo, que agita, como diciendo: «¡Adiós... Adiós... Te vas!»...

La empresaria regresó al lado del marido cuando este seguía reanimándola.

Teatro. Más teatro, por favor...

La siluetas le decían adiós. (Cuaderno de campo de J. J. Benítez.)

MÁS TOLERANTE

Investigaciones llevadas a cabo por Alejandro Parra:

... Mercedes, esposa de un famoso presentador de la televisión argentina, me contó lo siguiente:

• • •

El 14 de julio de 1964, cuando conducía, me vi obligada a dar un volantazo para evitar colisionar con un camión... El auto volcó... Salí despedida por el parabrisas y sufrí diferentes heridas en la cabeza, los tobillos y la nariz...

Entonces —recuerda Mercedes—, pude ver un túnel de luz blanca... Y pensé: «No quisiera salir de aquí»... Sentí que moría...

Mi cuerpo estaba tendido en el suelo... Yo lo veía...

Después regresé a él, absorbida por algún tipo de fuerza... Solo habían transcurrido algunos segundos...

La experiencia cambió radicalmente mi vida... Ahora la valoro mucho más y me siento más sensible y tolerante hacia los demás.

He aquí otra constante, tras sufrir una «experiencia cercana a la muerte»: el protagonista se vuelve más humano y misericordioso.

SOBRE ALGODONES

María González —cuenta Alejandro Parra— recuerda una ECM cuando se desmayó como consecuencia de una hemorragia masiva…

> Mi esposo me acompañó al baño —explicó María— y en la puerta me desmayé… Fue como si caminara entre algodones… Sentí una enorme paz…
>
> Me encontraba perfectamente… No me dolía nada…
>
> Ese caminar era muy agradable… Mi entorno estaba vacío… No había dimensionalidad…
>
> El médico aseguró que María había entrado en «muerte clínica»…
>
> «Si la muerte es así —dijo María— yo he dejado de temerla.»

Se repite la gran lección: la muerte no duele.

«AHORA VERÁS A DIOS»

El añorado Paco Padrón se ocupó de investigar el presente caso:

… No estoy autorizado a dar el nombre de esta señora… Pero sí las vivencias que experimentó:

• • •

Había estado muchas horas esperando dar a luz e, incluso, provocaron el parto… Pero no había manera… Esto empezó a las cinco de la mañana y terminó a las tres de la tarde…

Cuando me anestesiaron tuve la sensación de que el corazón palpitaba más fuerte y, de repente, sufrí como un estallido en el pecho, pero sin dolor… Fue algo rarísimo… Yo veía, desde el techo del quirófano, al médico y a las comadronas que me atendían…

Pensé: «Estoy muerta… ¡Qué pena!»… Sentí pena por aquel cuerpo que estaba contemplando en el quirófano… Yo sabía que estaba muerto… Y una voz, como un eco, con resonancia, me dijo: «Sí, estás muerta»… En esos momentos me entró una gran angustia por mis hijos… Por no haber podido programar sus vidas, por no dejarlos con alguien de confianza…

A continuación recordé todas las cosas malas que había hecho a lo largo de mi vida… Y aquella voz me indicaba, en cada momento, cómo tendría que haber actuado, con mayor comprensión, paciencia y amor… Era como un juicio, pero no severo… Era como un juicio pero lleno de amor hacia mí…

Era consciente de que no hablaba con Dios, pero sí con alguien cercano a Él... No veía figura alguna... Solo escuchaba aquella voz, indicándome que ya no iba a volver a la Tierra...

En esos momentos, mi mente lo comprendía todo...

Pero yo seguía con la angustia por mis hijos... No podía quedarme... Tenía que regresar...

Entonces, observé un triángulo, una línea horizontal y otra vertical... Todo aquello se transformó en un círculo que giraba, produciendo un ruido que me aturdía, seguido de una gran campanada... Y noté cómo me absorbían... Empecé a girar con mucha fuerza... Me sentía oprimida, pero sin dolor... Y vi una luz inmensa que me cegaba... Y la voz me dijo: «Ahora verás a Dios»...

Yo insistía en regresar con mis hijos...

En ese instante sentí como un rechazo... Y fui absorbida por aquella fuerza, pero al revés... En sentido contrario...

Me di cuenta que había vuelto a mi cuerpo... Abrí los ojos y exclamé: «Me hicieron caso. Por fin estoy aquí».

Mi vida ha cambiado... Ahora intento disculpar los errores propios y ajenos... Y, sobre todo, trato de actuar con mayor amor y comprensión.

Qué extraño. En esta ECM, la protagonista solo ve las cosas malas que llevó a cabo a lo largo de su vida. Todo lo contrario a lo observado por otros testigos. Y sigue el teatro. Al pasar al «otro lado» nadie ve a Dios. Eso es otra mentira de las religiones.

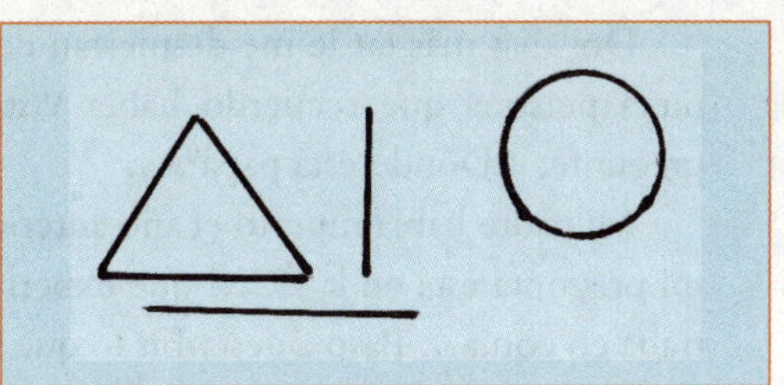

«Primero vi un triángulo y dos líneas. Aquello, después, se convirtió en un círculo.» (Cuaderno de campo de J. J. Benítez.)

«ES HORA DE VOLVER»

En el año 2014, Reyes Delgado me escribía desde Sevilla (España). Decía textualmente:

... Mi nombre es Reyes Delgado... Nacida en Sevilla... En agosto del 2008 trasladé mi residencia de Sevilla a Palma de Mallorca... En mayo de 2011 me casé y en octubre de ese mismo año, con veintiocho años de edad, me diagnosticaron un cáncer de estómago con un pronóstico un tanto incierto... En una primera fase me trataron con quimioterapia y en febrero de 2012 me realizan una gastrectomía total (retirada del estómago y parte del esófago)...

El 26 de junio de 2014 sufrí un episodio de muerte súbita en mi lugar de trabajo... Vivía sola... Acababa de separarme de mi marido... Mi madre, viuda (mi padre falleció el 28 de julio de 2013), decidió pasar unos días conmigo...

El 26 de junio, como le decía, cuando me encontraba en mi trabajo, me desmayé... Me trasladaron al hospital de Son Llàtzer... En el camino sufrí dos paradas cardíacas... Una vez en el hospital experimenté otras cinco paradas... La situación era muy grave...

Dos días más tarde me despiertan del coma inducido... La primera persona que recuerdo haber visto fue a mi madre... Y le pregunté: «¿Dónde está papá?»...

Mi padre había muerto el año anterior... La única explicación a mi pregunta está en la ECM que experimenté mientras me encontraba en coma... Paso a describir lo que recuerdo de la «experiencia cercana a la muerte».

Recuerdo estar fuera de mi cuerpo físico y verme en la cama de la UCI… Tenía un camisón de hospital y medio cuerpo tapado con una sábana… En mi visión, todo aparece difuminado… Sé que estoy allí, sé que hay más personas, pero no tengo una imagen nítida…

Mientras observo estoy situada en un lateral de la cama… A mi lado se encuentra mi padre (ya fallecido)… Está situado a mi derecha… Teníamos las manos cogidas suavemente (mi mano derecha con su mano izquierda)…

Recuerdo que en esos momentos yo me encontraba totalmente entregada… Estaba decidida a marcharme con él… Era consciente que mi padre se presentó para acompañarme al «otro lado»…

Pero nada fue así… Al contrario… Él llegó para animarme y empujarme a volver a la vida… Sus palabras fueron: «Es hora de volver… Te queda mucho por hacer»…

Me resultó extraño aquel cambio de planes… Yo estaba dispuesta a marcharme con él… Me costó soltar su mano…

Finalmente acepté el mensaje y, con mucho cariño, soltamos nuestras manos… Y nos fuimos separando…

Quiero resaltar la paz absoluta, la calma y la serenidad que mi padre me transmitió en todo momento… En ese encuentro no hubo miedo, ni dolor, ni preguntas y tampoco reproches…

Mi padre presentaba muy buen aspecto, como en la última fase de su vida… Vestía ropa de calle: unos vaqueros, camisa y un jersey fino con cuello de pico…

No portaba joyas… La alianza de matrimonio y la cadena que siempre llevaba me las quedé yo una vez que murió…

Respecto a su actitud, todo era muy sosegado… Transmitía paz, calma y serenidad… Todo lo contrario a su estancia en la vida… Mi padre tenía un carácter fuerte, con mucho genio… Discutía a grandes decibelios…

El mensaje que recibí —en todo momento— fue el siguiente: «TODO ESTÁ BIEN»…

Para mí, por tanto, la pregunta a mi madre —«¿Dónde está papá?»— tenía todo el sentido del mundo… Fue la última persona con la que estuve antes de regresar a este mundo.

Algún tiempo después me reuní con Reyes en Sevilla. Y ratificó lo expuesto en su correo electrónico. No hubo una sola contradicción («técnica de la nevera»).

¿Por qué el padre de Reyes se presentó sin la alianza de casado? Para mí tiene una especial significación: en los mundos MAT no hay parentesco. No hay matrimonios ni relaciones familiares. Todo es diferente.

Manuel Delgado.
(Gentileza de la familia.)

Reyes Delgado.
(Gentileza de la familia.)

«NO ES TU MOMENTO»

Francisco de León tuvo una «experiencia cercana a la muerte» en 1972. Así se lo contó al programa «Dimensión desconocida», de Antena 3 (Radio):

> … El 22 de diciembre de 1972 me dirigía por carretera desde Cazorla a Murcia… Tuve un accidente
>
> Perdí el conocimiento y entré en coma… En el hospital de Ubeda, donde me ingresaron, me dieron por muerto… El electro era plano…
>
> Cuando salí del coma recordé… Me vi a mí mismo en la cama del hospital, con una pierna escayolada y la cabeza vendada…
>
> Yo estaba en lo alto de la habitación… Podía verlo todo: las personas, las cosas…
>
> Entonces entré en un túnel oscuro… Todo era paz y serenidad… No tengo palabras para describirlo…
>
> Y allí, en el túnel, contemplé escenas de mi vida pasada… Al final del túnel vi una potente luz… Pues bien, conforme me acercaba a esa luz, yo iba presenciando esas escenas… Me vi cuando iba al colegio, con cuatro años… Llevaba un uniforme azul y un cuello blanco… Iba de la mano de una niña de trece años… Todo era en color… En otra escena aparecía jugando al fútbol…
>
> Al final del túnel, en mitad de la luz, se presentó un hombre… Me recordó la imagen del Sagrado Corazón… Llevaba una túnica blanca y los brazos aparecían en cruz… Tenía el cabello sobre los hombros… No sabría decir si era un hombre o una mujer… El pelo era rubio o muy blanco…

Por más que intenté verle la cara no pude…

Me tendió una mano y dijo: «¡Alto, Paco!… No es tu momento»…

Ahí terminó la visión… Abrí los ojos y me vi en el hospital.

Por supuesto, dudo mucho que esa imagen que se presentó en mitad de la luz, al final del túnel, fuera el Sagrado Corazón. Sigue el teatro...

De izquierda a derecha: Enrique Vila, Francisco León (protagonista de la ECM), Pepe Ortiz y José Luis Hermida, durante la emisión del programa «Dimensión desconocida», de Antena 3 (Radio) en Sevilla. (Foto: Pablo Cantos.)

OSCURIDAD

«Experiencia cercana a la muerte» relatada por Armando Couto, un cubano valiente.

… Para los que no conocen mi caso —explicó Couto— lo esbozaré en unas líneas: vicioso del cigarro desde los catorce años, fui víctima de un enfisema en un pulmón… Perdí mucha capacidad respiratoria…

Pensé que tenía cáncer y lo oculté… No quería dejar a mi familia llena de deudas… Pero mi esposa se dio cuenta y solicitó consejo al doctor Rafael de la Portilla… Este recomendó que viéramos a otro médico: Enrique Suárez… Nada más examinarme, el doctor Súarez ordenó mi ingreso en el hospital… Fui ingresado en el Intensivo Care…

Pues bien, a lo largo de esos días, mi situación empeoró… Y viví una experiencia singular… Podría resumirla con una sola palabra: «oscuridad»…

Fue una oscuridad desconocida, con voces, muchas voces…

Y, de pronto, me sentí especialmente ligero… Y me desprendí de mí mismo… Fue como si todo lo que me rodeaba dejara de estar en contacto conmigo…

Y la oscuridad fue seguida por la penumbra y por el silencio…

Entonces lo vi… Era un hombre de unos sesenta años… Vestía de blanco… La estatura mediana…

Y una paz inmensa llenó todo mi ser…

Supe que era Él: Dios… Él entraba en mi interior y yo en Él…

Vi entonces a una mujer que lloraba… Tras ella, hombres y mujeres también lloraban… Dios me miró y sonrió… Después desperté.

Lo he repetido muchas veces: las religiones mienten. Tras el dulce sueño de la muerte no veremos al Padre Azul. Eso llegará después, cuando alcancemos la «isla eterna de luz» (el Paraíso).

EMILIO

Conocí e interrogué a Emilio Carrillo en Sevilla (España). Era funcionario de la Diputación Provincial. Tuvo una «experiencia cercana a la muerte» el 29 de noviembre de 2010, cuando se encontraba en la UCI de un hospital sevillano. He aquí, en síntesis, su relato:

… Me encontraba tendido en la cama, boca arriba… Salí de mi cuerpo y me convertí en una especie de observador… Me incorporé en la cama de la UCI… Fue como si me sentara sobre mi cuerpo…

Yo, entonces, tenía cincuenta y dos años de edad y contemplé la totalidad de mi vida… No fue un resumen… Fue la película completa… Desde que nací hasta el momento del tránsito… Ahí estaban todas las vivencias, todas las experiencias, todos los encuentros, todos los desencuentros, todos los hechos, todas las situaciones, todas las conversaciones… Todo… Y fue una revisión instantánea… Y lo más asombroso: en la vida no hay errores…

Después llegaron unas luces blancas y brillantes que terminaron adoptando la forma de seres queridos ya fallecidos… Una de esas luces era yo mismo, en otro plano de conciencia… Allí estaba mi Yo de cuarta, de quinta y de sexta dimensiones… Fui plenamente consciente de cómo mi Yo multidimensional me acompañaba en el tránsito…

Sentí una gran paz… Y vi a mis padres (ya muertos)… Preguntaban: «¿Estás bien?… ¿Te encuentras bien?»… Sé que se referían, no al cuerpo que seguía en la camilla, sino a mi estado (en esos momentos de tránsito)...

Entonces apareció el túnel... Lo vi en posición horizontal, sin pendiente alguna... La luz era especialmente acogedora, refulgente e incolora... Me invitaba a entrar en ella... Yo sabía que era la puerta al «más allá»...

Y al final del túnel, tras haberlo recorrido, experimenté un sentimiento que no puedo describir... Se trataba de amor puro...

En mi experiencia visualicé a Cristo Jesús... Un Jesús de Nazaret de cuerpo luminoso, blanco centelleante, melena castaña y corta, con los cabellos ligeramente sobre los hombros, rostro maduro, aunque juvenil, tan lleno de amor como de autoridad...

Me tendió las manos de luz y las entrelazó con las mías... Y experimenté un gozo inenarrable... Supe que, al final de aquel túnel, estaba nuestro verdadero hogar... Nuestra verdadera casa.

Repito: dudo que fuera Jesús de Nazaret quien recibió a Emilio Carrillo. Pero eso no es lo importante. Para mí, Carrillo acierta cuando asegura «que al final de aquel túnel estaba nuestra verdadera casa». La Tierra solo es una aventura.

Emilio Carrillo.
(Foto: J. J. Benítez.)

LA DENTADURA

El presente caso de «experiencia cercana a la muerte» fue investigado por Pim Van Lommel, un prestigioso médico holandés, autor de varios libros sobre las ECM. Personalmente me parece interesantísimo y divertido.

> ... El caso —escribe Pim— me lo contó una enfermera de la unidad coronaria... Después lo publiqué en *The Lancet*...
>
> • • •
>
> Durante el cambio de turno de noche los sanitarios de la ambulancia trajeron a un hombre de cuarenta y cuatro años, cianótico (decoloración de la piel de tono azulado-violáceo) y en estado de coma... Lo habían encontrado una hora antes en un parque público...
>
> Tras ser ingresado en la unidad coronaria, se le aplica la respiración artificial con un balón y una máscara, así como masajes cardíacos y desfibrilación... Al intentar cambiar el método de ventilación asistida, cuando me disponía a intubar al paciente, este resulta tener dentadura postiza... Antes de proceder a intubarlo, retiro la pieza superior de la dentadura y la dejo en el carrito de emergencias... Entretanto continuamos con la reanimación intensiva...
>
> Transcurridos unos noventa minutos, el paciente recupera un ritmo cardíaco y una presión arterial suficientes, pero todavía está conectado a la ventilación mecánica e intubado, además de permanecer comatoso...

En ese estado es trasladado a la unidad de cuidados intensivos para continuar con la ventilación…

Tras más de una semana en coma, el paciente regresa a la unidad coronaria y lo veo al distribuir la medicación… En cuanto me ve me dice: «¡Ah, sí!… Pero usted…, usted sabe dónde está mi dentadura»… Me quedo anonadada… Y el paciente añade: «Sí, usted estaba allí cuando me trajeron al hospital. Me sacó la dentadura de la boca y la dejó en el carrito… El que tenía todos esos botes encima y el cajón debajo. Y usted colocó allí mis dientes»…

Estaba estupefacta a más no poder porque recordaba que aquello había ocurrido cuando el hombre estaba en un coma profundo, mientras era sometido a la resucitación…

• • •

Al indagar —comenta Pim Van Lommel— resultó que el paciente se había visto a sí mismo en la cama… Y vio desde lo alto del quirófano cómo los médicos y enfermeras se ocupaban en las maniobras de reanimación…

También llevó a cabo una descripción minuciosa del cuarto y del aspecto del personal sanitario…

Mientras observaba la escena lo atenazaba el terror… No quería que los médicos detuvieran la reanimación… Eso hubiera significado su muerte… Y es cierto que los doctores eran extremadamente pesimistas…

El paciente me contó que hizo grandes e inútiles esfuerzos para comunicarse con los médicos… Deseaba decirles que seguía vivo…

Ahora, este hombre ya no tiene miedo a la muerte.

El caso de la dentadura postiza me recordó el del zapato rojo, mencionado anteriormente. En el estado de coma en el que se encontraba el paciente era «oficialmente imposible» que pudiera ver dónde guardaban la dentadura. Pero lo vio. En otras palabras: tras la muerte seguimos vivos (más vivos que nunca).

VICKY

Veamos otro fascinante testimonio, igualmente rescatado del olvido por el doctor Pim Van Lommel:

... Vicky es una persona invidente desde el nacimiento... Nació en 1951 y de forma prematura... Fue introducida en una incubadora muy primitiva en la que le fue suministrado el oxígeno al cien por cien... Semejante concentración de oxígeno daña el desarrollo del globo ocular y del nervio óptico... Vicky sufría una atrofia completa (fulminante) del globo ocular y del nervio óptico...

Pues bien, en 1973, cuando Vicky tenía veintidós años, salió disparada de su coche cuando sufrió un accidente... Se fracturó el cráneo y quedó en coma... También se fracturó el cuello, una pierna y varias vértebras de la columna...

A pesar de ser invidente, alcanzó a ver —desde lo alto— la furgoneta con la que había colisionado (una Volkswagen)... Más tarde, en la sala de urgencias a la que fue trasladada, llegó a verse a sí misma desde arriba... Vio su cuerpo en una camilla... Y reconoció su anillo de boda (que solo conocía por el tacto)... Después se elevó, atravesó las paredes del hospital y vio el tejado y los árboles cercanos...

Nunca he visto nada —manifestó Vicky—. Ni luz, ni sombras... Nada... Y en los sueños tampoco tengo impresiones visuales...

Recuerdo que estaba en el Centro Médico Harborview, contemplando lo que sucedía a mis pies... Fue terrorífico... Yo no estaba acostumbrada a ver las cosas de forma visual... Entonces reconocí mi anillo de boda y mi pelo… Y pensé: «¿Eso de ahí abajo es mi cuerpo? ¿Estoy muerta o qué?»… Los médicos no paraban de repetir: «¡No podemos traerla de vuelta!»… Y se afanaban frenéticamente sobre aquella cosa que luego descubrí que era mi cuerpo… Yo me sentía muy distanciada de él… Me daba igual… Y pensaba: «¿Por qué se disgusta tanto esa gente? No voy a conseguir que me oigan»…

Entonces atravesé el techo, como si allí no hubiera nada… Era maravilloso estar allí afuera… ¡Era libre!… Entonces escuché un sonido —un carrillón— maravilloso… Vi árboles y pájaros… Y mucha gente… Todos estaban hechos de luz…

Me sentía aturdida ante esta experiencia… Ni siquiera sabía cómo era la luz…

Después se presentaron aquellos conocidos míos… Fueron cinco… Debby y Diane eran compañeras de clase, también ciegas… Fallecieron años atrás, a la edad de once y seis años, respectivamente… En vida, ambas sufrían un profundo retraso mental, además de la ceguera, pero en aquel lugar aparecían brillantes, hermosas y sanas… Ya no eran niñas… Estaban en la flor de la vida…

También vi a dos de mis cuidadores: los señores Zilk, fallecidos hacía tiempo… Y, finalmente, se presentó mi abuela… Ella me crio… Había muerto dos años antes del accidente… Tenía los brazos abiertos (como si quisiera abrazarme)…

Entonces me mandaron de vuelta y yo regresé a mi cuerpo… Fue duro y espantosamente doloroso… Me sentí muy enferma.

La extraordinaria experiencia de Vicky me recordó las palabras de Jesús de Nazaret en *Caballo de Troya*: «Tras el dulce sueño de la muerte veréis y escucharéis lo que el ojo y el oído humanos jamás imaginaron».

JUNG

El relato del célebre Carl G. Jung, psiquiatra suizo, me dejó igualmente perplejo. En 1944 sufrió un infarto y vivió una «experiencia cercana a la muerte». Así la describió:

> Me pareció como si me encontrara allá arriba, en el espacio… Lejos de mí veía la esfera de la Tierra, sumergida en una luz de color azul intenso… Veía el mar azul profundo y los continentes… Bajo mis pies, a lo lejos, estaba Ceilán, y, ante mí, el subcontinente de la India…
>
> Mi campo de visión no abarcaba toda la Tierra… Sin embargo, su forma esférica era claramente visible… Y sus contornos brillaban plateados… En diferentes lugares, la esfera terráquea parecía coloreada o manchada de verde oscuro (como la plata oxidada)…
>
> A la izquierda, en la lejanía, había una amplia extensión: el desierto amarillo rojizo de Arabia… Luego estaba el mar Rojo… Y muy a lo lejos, también a la izquierda y arriba, podía divisar parte del Mediterráneo… También vi las montañas nevadas del Himalaya… Allí, el cielo estaba nublado o envuelto en vapor…
>
> Posteriormente me informé… Para divisar todo eso tenía que estar a 1.500 kilómetros de altura… ¡Mil quinientos kilómetros!… La contemplación de la Tierra desde esa altura es lo más grandioso y fascinante que he experimentado.

El testimonio de Jung, además de por la categoría del testigo, resulta de enorme valor por la fecha en la que sucedió: 1944. Es decir, trece años antes del lanzamiento del *Sputnik*, el primer satélite artificial humano, lanzado por los rusos en 1957. Trece años antes, Jung vio la Tierra tal y como la muestran los satélites y las estaciones espaciales en la actualidad.

Carl Jung.
(Archivo: © Science Source / Album.)

UNA PEQUEÑA LUZ

La «experiencia cercana a la muerte» vivida por Pamela Reynolds me parece espectacular y, sobre todo, esperanzadora. Fue interrogada, en su momento, por el cardiólogo M. Sabom. He aquí una síntesis del caso:

… La ECM se registró cuando Pamela se encontraba en función cerebral nula… El córtex cerebral y el tronco encefálico estaban perfectamente monitorizados…

Pamela Reynolds era ama de casa… Tenía treinta y cinco años cuando empezó a ser famosa como cantautora… En 1991 enfermó de gravedad… Su médico recomendó que le practicasen un TAC (tomografía axial computerizada)… Y surgió un enorme aneurisma en una de las arterias cerebrales (próxima al tronco encefálico)… Si el aneurisma reventaba, la hemorragia cerebral podía ser fatal…

Y Pamela contactó con el Instituto Neurológico Barrow, en Phoenix (Arizona, Estados Unidos)…

El neurocirujano Robert Spetzler decidió operarla, aunque manifestó que las posibilidades de que sobreviviera a la operación eran escasas… Le fue drenada la sangre del cráneo, hicieron descender la temperatura corporal a diez grados y la mantuvieron conectada a una máquina de circulación extracorpórea… La actividad eléctrica cardíaca fue interrumpida…

«Lo que estamos observando —manifestó el doctor Spetzler— es el aneurisma que tenía en la base del cráneo… Este "globo" podía reventar y provocar una catástrofe en el cerebro de la paciente... Teníamos que parar la actividad cerebral...»

Y se determinó que el cerebro de Pamela estaba muerto «mediante tres pruebas: el electroencefalograma se hallaba en silencio... La respuesta del tronco encefálico era nula y no había flujo sanguíneo en el referido cerebro...

Y Pamela contó lo siguiente:

... No recuerdo la sala de operaciones... No recuerdo haber visto al doctor Spetzier... Yo estaba con otro colega... Después de eso, nada... Y llegó aquel sonido... Era desagradable... Me recordó la consulta de un dentista... Recuerdo un hormigueo en la cabeza y, después, como si yo misma saliera de mi cuerpo por la coronilla...

Recuerdo haber visto muchas cosas en la sala de operaciones... Miraba hacia abajo y lo veía todo... Estaba más consciente de lo que jamás he estado...

Miré hacia abajo y vi mi cuerpo... Supe que era mi cuerpo físico... Pero no me importó gran cosa... Me llamó la atención cómo me habían afeitado la cabeza...

Me encontraba sentada sobre el hombro del doctor Spetzler... Mi visión era más clara y enfocada que la visión humana habitual...

Había mucha gente y muchas cosas en el quirófano... Recuerdo aquel instrumento en su mano... Parecía el mango de un cepillo de dientes eléctrico... Imaginé que me abrirían el cráneo con una sierra... Pero lo que vi fue una especie de taladro... Se oía un zumbido relativamente agudo... No me gustaba el respirador... Recuerdo un montón de herramientas que no reconocí... Y recuerdo con nitidez una voz femenina que decía: «Tenemos un problema... Sus arterias son demasiado pequeñas»... Entonces, una voz masculina replicó: «Inténtalo por el otro lado»... Habían accedido a la arteria femoral, pero yo no lo sabía...

Sentí una presencia... Eché una ojeada a mi alrededor y fue en esos momentos cuando vi un diminuto punto de luz... Y esa luz empezó a tirar de mí, pero no contra mi voluntad... Yo iba hacia ella de forma voluntaria... Fue como subir en un ascensor a toda velocidad...

Al encontrarme más cerca de la luz empecé a distinguir una serie de figuras... Y escuché la voz de mi abuela, llamándome...

Fui hacia ella... La luz era increíblemente brillante... Era como estar sentada en el interior de una bombilla...

Aquellas figuras eran pura luz... Y fueron adoptando formas concretas, de manera que pudiera reconocerlas... Conocía a algunas... A otras no... ¡Me sentía genial!... Vi a mi tío Gene, fallecido con treinta y nueve años...

Me enseñó a tocar mi primera guitarra... También vi a mi tía abuela Maggie...

Pero no me permitieron ir más allá... Yo quería entrar en la luz y, al mismo tiempo, regresar... Tenía unos hijos a los que cuidar...

Pregunté si aquella luz era Dios... Me respondieron que no... «La luz —dijeron— es lo que ocurre cuando Dios respira»... Y pensé: «Estoy en la respiración de Dios»...

Finalmente fue mi tío quien me ayudó a volver... Pero, al ver mi cuerpo, me resistí a entrar... ¡Era un cuerpo sin vida!... Estaba tapado... Me asusté... No quería mirarlo... Sabía que si entraba en ese cuerpo me dolería... Y me resistí...

Mi tío insistía para que entrase... Y repetía: «Es como bucear en una piscina... Solo tienes que tirarte de cabeza»... E insistía: «Cariño, tienes que irte»... Yo me negué de nuevo... Y él me dio un empujón... Así fue como volví.

Pamela resume su experiencia de la siguiente forma: «La muerte es una asquerosa mentira».

Totalmente de acuerdo con Pamela. Las religiones han vendido la muerte como algo trágico (en su beneficio, claro).

AQUELLA CIUDAD...

Miguel Pedrero, excelente y veterano investigador de ovnis y otros misterios, interrogó a Andrés González. El caso de «experiencia cercana a la muerte», vivido por este español, fue incluido en su libro *Dios existe* (lo recomiendo). Se trata de otra ECM espectacular.

... Andrés González —cuenta Pedrero— sufrió un fatal accidente automovilístico en 1981... Regresaba de pescar y conducía en dirección a Toledo... Andrés se despistó durante unos segundos y el auto terminó dando veinte vueltas de campana...

—Ocurrió en una curva —contaba el testigo—, poco después de pasar el castillo de Zurita... El accidente fue terrible... Quedé destrozado... Uno de los hierros se me clavó en la cabeza, atravesando el cerebro...

Una ambulancia lo trasladó al hospital de Guadalajara (España) con el hierro enterrado en el cerebro... Los médicos llegaron a la conclusión de que poco podían hacer por su vida... Pero uno de los doctores se empeñó en sacarlo adelante y Andrés fue trasladado al hospital de La Paz, en Madrid...

... Allí, mientras lo operaban, Andrés González sufrió varias paradas cardíacas... Fue durante una de esas «muertes clínicas» cuando observó que salía de su cuerpo...

• • •

Entonces —explica el testigo— me elevé como a un metro sobre las cabezas de los doctores… Y contemplé la escena con todo lujo de detalles… Y escuché lo que hablaban entre ellos… Tenía la cabeza hecha una mierda… Los médicos se esforzaban en limpiarla, pero mi corazón se paraba constantemente… Los doctores se ponían nerviosos y gritaban: «¡Se nos va… Se nos va!»… Y me daban descargas eléctricas… Yo veía cómo mi cuerpo convulsionaba…

Aquello era dantesco… Pero, aunque parezca mentira, yo no sentía ningún apego por aquel cuerpo… Y yo decía: «Dejadlo ya… ¿No veis que no hay nada que hacer?»… Por supuesto, nadie me escuchaba… Sacaban hierros de la cabeza y el cirujano jefe daba ánimos al resto: «Vamos, vamos… Tenemos que intentarlo hasta el final»…

Lo que me ponía muy nervioso era el ruido de los zapatos de una de las enfermeras… Eran zapatos de tacón… Y me preguntaba: «¿Cómo es posible en una sala de operaciones?»… Aquel ruido, contra el suelo, me sacaba de quicio…

Y, de pronto, la escena del quirófano desapareció… Y me encontré en otro lugar… Estaba frente a una puerta muy bonita… La flanqueaban dos seres que transmitían una enorme paz… Jamás he vuelto a sentir tanto bienestar…

Eran muy altos, delgados y vestían túnicas blancas que llegaban hasta los pies… Me fijé en los rostros… Eran muy bellos, aunque no sabría decir si eran hombres o mujeres…

Desprendían luz y me sonreían…

Me dejaron pasar y entonces contemplé algo grandioso: en todas las direcciones se apreciaba una ciudad enorme… Las casas eran como las celdillas de las colmenas… Estaban pegadas unas a las otras…

Noté que alguien me acompañaba, pero no pude ver a nadie… Avancé hacia la ciudad y descubrí que en el interior de esos habitáculos había personas que me miraban y sonreían…

La paz que sentía era tan grande e intensa que no deseaba regresar… Las casas —todo— desprendían un brillo increíble…

Y, de repente, apareció otro ser, parecido a los dos de la entrada a la ciudad… También era muy alto y con una túnica blanca… Tenía barba y una media melena de color castaño…

A su espalda se levantaba una de aquellas extrañas casas... Supe que era la casa que me correspondía... Pero aquella entidad se interpuso en mi camino y no me permitió avanzar... Entonces dijo: «Andrés, todavía no es tu hora... Debes regresar porque aún te quedan muchas cosas por hacer en la Tierra»... Lo dijo con una enorme dulzura...

Acto seguido me vi recorriendo el camino de vuelta y saliendo de la ciudad... Lo hice a toda velocidad...

Y de nuevo me vi en el quirófano... Estaba como a un metro sobre las cabezas de los médicos y enfermeras...

Así estuve un tiempo que no sé precisar... Después sentí que algo me atraía hacia mi cuerpo físico... Y noté cómo penetraba en aquel manojo de carne y huesos...

Ahí terminan mis recuerdos... Permanecí en coma durante un mes... El cirujano jefe me dijo que había tenido mucha suerte...

Hablé con la enfermera de los tacones... Le pregunté por qué llevaba ese tipo de calzado y ella quedó muy sorprendida... Venía de la boda de un hermano y no tuvo tiempo de calzar los zapatos reglamentarios... La mujer estaba desconcertada... Yo no podía saber eso.

El detalle de los zapatos de tacón le da una total credibilidad al caso de Andrés González. Sucede como en los casos del zapato rojo en el tejado y la dentadura del paciente, olvidada en el carrito de emergencias. Ninguno de los testigos podía saber algo así. En consecuencia: los tres pacientes estuvieron fuera de sus cuerpos físicos.

Andrés González.
(Foto: Miguel Pedrero.)

«AQUÍ LO SABEMOS TODO SOBRE VOSOTROS»

La «experiencia cercana a la muerte» vivida por Juan Carlos Carmona resulta igualmente espectacular. Fue investigada por el incansable Miguel Pedrero. Veamos una síntesis:

> … Conducía mi moto hacia la Universidad Complutense de Madrid —explicó el testigo—. Estudiaba Ciencias Químicas… Y en la calle Federico Rubio y Gali, muy cerca de la Universidad, justo en una curva, un coche invadió mi carril y chocó frontalmente contra mí…
>
> En esos momento me vi volando por el cielo… Al fondo distinguí un punto luminoso muy brillante… Miré hacia abajo y vi mi cuerpo, tirado en la calzada… La moto estaba más allá… A mi alrededor distinguí un montón de gente…
>
> Y centré mi atención en el punto luminoso… Era muy potente, pero no deslumbraba… Al contrario: era tan bello que me atraía… Y algo —una especie de fuerza— me atrajo hacia la luz… Cuanto más me acercaba, más grande era…
>
> Cuando estuve cerca me di cuenta: ¡era un túnel!… Entré y me vi en un corredor formado por una pared circular que emanaba luz… Una luz especial, como si fuera energía… Metí la mano en esa «pared» y sentí que podía atrapar esa especie de «energía radiante»…
>
> Me desplazaba suavemente… Y al fondo del corredor contemplé otra luminosidad muy potente… Cuando la atravesé tuve la misma sensación que cuando un ascensor se detiene bruscamente…
>
> Entonces me encontré en una especie de prado que emitía luz…

Era una luz preciosa... Al fondo distinguí unos edificios blancos, cubiertos por una cúpula transparente, parecida al cristal...

¡Era una ciudad!... Todo emitía un resplandor de enorme belleza... Sentía una paz y un bienestar que no puedo explicar con palabras...

En eso vi llegar —flotando— a un ser de gran altura... Parecía un jugador de baloncesto... Tenía le piel de color cobrizo, una barba fina y las facciones muy suaves... Presentaba una media melena castaña (tirando a rubia)... Pero lo que más me impresionó fue su sonrisa... Todo él transmitía una paz increíble...

Entonces me pregunté: «¿Qué hago yo aquí?»... Él extendió su mano y me la ofreció... La toqué y noté una sensación especial en todo mi cuerpo... Y aquel ser empezó a hablarme, telepáticamente: «Has tenido un accidente, pero todavía no es tu momento»... Y anunció que íbamos a repasar —juntos— toda mi vida... Y, de repente, empecé a ver mi existencia, desde mi nacimiento... Era como una película —muy rápida—, pero que podía captar hasta en los más pequeños detalles... Y experimenté cómo se sentían las personas con las que me había relacionado... Entonces era cazador... Pues bien, te puedo asegurar que, a partir de ese día, dejé de matar animales...

Y recuerdo que la entidad que me acompañaba dijo: «Aquí lo sabemos todo sobre vosotros»...

Y me invitó a regresar a mi cuerpo... Noté que me elevaba y vi esa ciudad, desde lo alto... Brillaba... Después noté lo mismo que al entrar en el túnel: sentí como si un ascensor se parara bruscamente... Y me encontré de nuevo en mi cuerpo físico... Recobré el conocimiento y me di cuenta de que estaba en el interior de un coche... El conductor que me había atropellado me llevaba en su auto al hospital.

De la impactante ECM vivida por Juan Carlos Carmona lo que más me llamó la atención fue una de las frases del «jugador de baloncesto»: «Aquí lo sabemos todo sobre vosotros». Importante precisión.

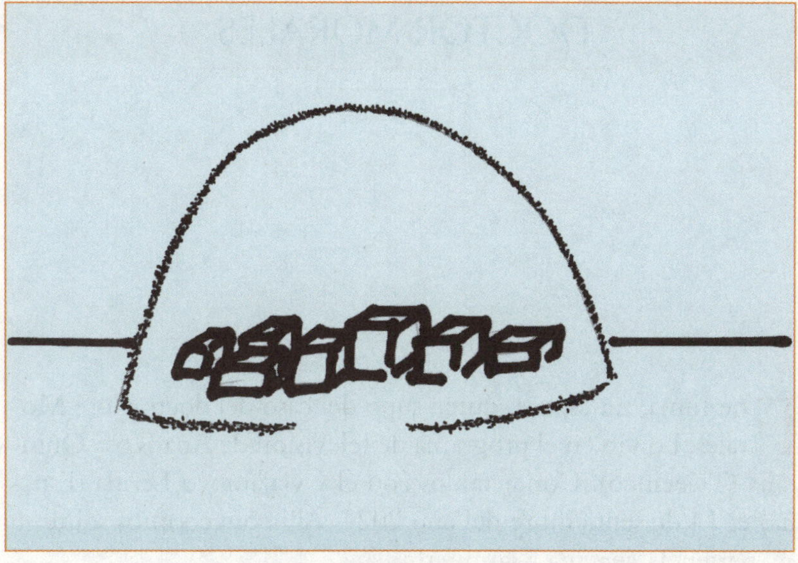

Una cúpula cubría la ciudad. ¿Por qué?
(Cuaderno de campo de J. J. Benítez.)

Juan Carlos Carmona.
(Gentileza de Miguel Pedrero.)

DOCTOR MORALES

Fue Inma, mi esposa, quien supo del caso del doctor José Morales. Lo vio en el programa de televisión de Ana Rosa Quintana (Telecinco). Contactamos con él y viajamos a Lérida (España) el 14 de septiembre del año 2024. Allí conversamos sobre su «experiencia cercana a la muerte».

—Ocurrió en febrero de 2022 —explicó José Morales—. Yo tenía sesenta y dos años y arrastraba un problema cardíaco.

Morales ha sido médico de familia. Ahora está jubilado.

—A finales de febrero —prosiguió el doctor—, hacia las cuatro de la tarde, me levanté de la siesta. Me sentí mal. Me desmayé. Entonces vi mi cuerpo en el suelo. La habitación aparecía iluminada.

—¿A qué altura te encontrabas?

—Como si estuviera de pie.

—¿Y esa luz?

—Era como si la luz de la habitación estuviera prendida. Y observé que aquel cuerpo no respiraba. Estaba boca arriba.

José Morales trabajó cuarenta años como médico.

—¿Te acercaste al cuerpo?

—No.

—¿Cómo te sentías?

—Viví aquella escena sin agobio. Y, de repente, me sentí absorbido por una especie de torbellino de color azul turquesa.

—¿Estabas solo en el dormitorio?

—Sí.

—¿Y qué pasó?

—Me vi iluminado. Escuchaba un zumbido grave, de fondo. Flotaba. Y empecé a sentir una brisa maravillosa en la cara. Fue una experiencia distinta. Miré hacia arriba y vi una luz cenital. Y sentí cómo me dirigía hacia aquella luz.

—¿Podrías describir esa luz?

—Era como una luna llena.

—¿Sentías miedo?

—No. Era muy raro. Yo percibía mi cuerpo, aunque no tenía cuerpo. Me fui acercando a la luz y, de pronto, me vi en un espacio muy hermoso. El olor era intensísimo. Asocié aquel lugar con los Alpes suizos. Lo veía todo como si estuviera en un mirador.

—¿Y los colores?

—Imposible de describir. Y empecé a sentir una paz suprema. Me sentía como nunca. Y llegué a pensar: «Aquí me quedo». Recuerdo que había una música maravillosa. Jamás escuché algo semejante. Pero, de pronto, todo aquello perdió concreción. Y desapareció. Entonces miré a mi izquierda y, a cosa de tres metros, vi a un amigo: Tomás José. Había muerto en 1983. ¡Brillaba! Lo vi joven y pleno. Tuvo un tumor cerebral y permaneció dos años en coma. Quedó ciego tras la operación. Ahora, en cambio, aparecía musculado y sin deformación craneal. Sentí el impulso de abrazarlo, pero no lo hice.

—¿Te dijo algo?

—«Sigue, sigue —habló—. No te detengas.»

—¿Cómo vestía?

—Con un traje. Entonces miré a mi derecha y vi a un ser muy alto, de unos tres metros. Era un ser de luz, estilizado, como las figuras de Lladró. Irradiaba compasión.

—¿Hombre o mujer?

—Varón. No lo asocié a nadie conocido. Entendí que estaba allí para acompañarme. En esos instantes vi toda mi vida, como en un panel de fotos. Eran imágenes de diferentes momentos. Y vi «fotos» en las que no había actuado correctamente. El ser de luz, entonces, me transmitió tranquilidad. Era un ser luminoso y compasivo. Aquellas fotos me produjeron un gran desasosiego. Y el ser me dijo:

«Puedes volver». Yo quería regresar para reparar esos fallos. En esos momentos vi cómo se dibujaba una especie de puerta. Pero no entré. Lo siguiente que recuerdo fue una caída hacia atrás. Y entré en mi cuerpo físico. Sentí un intenso dolor en la espalda y en la cabeza.

—¿Qué hiciste?

—Me levanté del suelo, regresé a la cama e intenté pensar sobre lo ocurrido.

—¿Recordabas lo sucedido?

—Perfectamente. Y estaba desconcertado. Mi mente siempre fue muy analítica.

—¿Podrías calcular cuánto duró la «experiencia cercana a la muerte»?

—Aproximadamente, una hora y media. La ECM se presentó a los veinte segundos de la parada cardíaca.

—¿Qué habría ocurrido si hubieras abrazado a Tomás José?

—Seguramente me habría quedado allí.

—Bien. ¿Y qué opinas de lo sucedido?

—Ahora sé que la vida no termina aquí. Mi alma viajó fuera del cuerpo físico. Esa ECM me cambió la vida. Me hice muchas preguntas durante cinco o seis meses. Y me las sigo haciendo… Pero sé que estoy aquí para crecer, ayudar y disfrutar.

La descripción del doctor Morales respecto al sentido de la vida humana es inmejorable: crecer, ayudar y disfrutar. Y añadió algo que no conviene olvidar: «Las "experiencias cercanas a la muerte" aumentan la espiritualidad y disminuyen la religiosidad».

José Morales.
(Foto: Inma Domínguez.)

PLATÓN

Cierro esta colección de testimonios con un capítulo que estimo de especial importancia: las «experiencias cercanas a la muerte» en la antigüedad.

La obra más remota que conozco, en la que se habla de una ECM, es *La república*, de Platón (427-347 a. C.).

El filósofo griego escribe sobre un tal Er, un soldado que resultó muerto en una batalla y que, en el momento en el que iba a ser incinerado, se levantó de la pira y contó algo desconcertante:

> … Experimenté cómo mi alma abandonaba mi cuerpo físico y, junto a otros caídos en la batalla, llegué a un lugar de una belleza sin igual… Allí vi dos aberturas… Una conducía al cielo y la otra al interior de la tierra… Entre ambos túneles había unos jueces que dictaminaban qué camino debía seguir cada alma… Cuando llegó mi turno, uno de los jueces me informó que todavía no había llegado mi momento… Debía volver a la vida y contar lo que había visto.

En mi opinión, en el testimonio del soldado de Panfilia aparece ya el gusto de los jefazos de los mundos MAT por el teatro. Las dos cuevas y los jueces son elocuentes.

Platón.
(Archivo: © NYPL / Science Source / Album.)

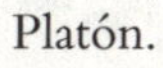

ARISTÓTELES

Algunos años después, en el siglo IV a. C., el gran Aristóteles se refería también a lo que hoy conocemos como «experiencia cercana a la muerte».

> … Aquel rey —escribe el filósofo griego— entró en una especie de éxtasis… Nadie supo si estaba vivo o muerto…
>
> Cuando, al fin, volvió en sí, aquel rey contó que había estado en el reino invisible… Y describió lo que había visto: cosas, almas, formas y ángeles…
>
> La mejor prueba de que decía la verdad estaba en su conocimiento… Aquel rey empezó a vaticinar… Y anunció los años que iban a vivir cada uno de sus amigos… No se equivocó… También anunció un terremoto en la ciudad de Elis… Dos años después habló de una inundación catastrófica… Así fue.

La capacidad premonitoria del rey griego me recordó la del testigo de La Paca, en Murcia (España) para curar con las manos. Como se recordará, el murciano también experimentó una ECM. Y no son los únicos casos... «Rozar» el cielo tiene esas ventajas.

Aristóteles.
(Archivo: © akg-images / Album.)

PLUTARCO

En su libro *De la tardanza de la divinidad*, el escritor griego Plutarco (siglo I después de Cristo) hace alusión a otra «experiencia cercana a la muerte». En dicho tratado recoge la historia de Tespesio de Soles. Este ciudadano «resucitó» después de tres días en coma. Y contó lo que había visto en el reino de los muertos.

El tal Tespesio era un impresentable. Al parecer cayó por un precipicio y permaneció tres días «como muerto» (posiblemente en coma).

Cuando preparaban su funeral despertó. Y todos quedaron asombrados. Tespesio volvió a la vida como un hombre honrado, amigo leal y religioso. Al preguntarle el por qué de aquel cambio de carácter, Tespesio contó lo que le había ocurrido:

> «... Al caer en el precipicio —explicó— abandoné mi cuerpo y me vi en una neblina, flotando y elevándome sobre las aguas del mar... Atravesé lugares maravillosos... Vi las estrellas... Entonces llegué a un lugar muy brillante... Me sentí empujado hacia él con gran fuerza...
>
> »Allí vi a otras almas... Reconocí a varias... Traté de acercarme, pero desistí, dado el grado de confusión que presentaban... Subían entre gritos, como soldados en la batalla... Tenían miedo y desesperación...
>
> »Arriba, sin embargo, había otras almas muy felices...».
>
> Posteriormente fue llevado a un lugar bellísimo en el que distinguió flores de todos los colores, alas, y una gratísima brisa que perfumaba el ambiente... Allí había otras almas, disfrutando de aquel banquete de olores...

Todos reían, se acariciaban… Aquel lugar —según le dijeron— se llamaba «Olvido»…

Finalmente lo trasladaron a otro paisaje donde vio ríos de colores y tres demonios sentados….

En un momento dado, se le presentó una mujer de aspecto admirable y le dijo «que debía recordar todo lo que había visto»…

Después, una fuerza intensa, como un remolino de viento, lo devolvió a su cuerpo… Y lo hizo a través de una cañería.

El caso, escrito hace 2000 años, es idéntico a los narrados por otros testigos de las ECM. La visión de Tespesio me recordó al ciudadano chipriota que vio dos luces en el túnel (los hermanos muertos en un accidente de moto).

Plutarco.
(Archivo: © Stefano Bianchetti / Bridgeman Images / Album.)

BEDA

Siglo VIII. Un monje anglosajón llamado Beda, el Venerable, escribió una crónica en la que contaba la extraña experiencia de un ciudadano llamado Drythelm. El hombre falleció —aparentemente— y, a las pocas horas, cuando amigos y familiares velaban el supuesto cadáver, Drythelm volvió a la vida. Se sentó y contó lo siguiente:

> … Recuerdo cómo salí de mi cuerpo y me vi caminando al lado de un hombre… Tenía la cara y las vestiduras luminosas… Caminamos en silencio hacia lo que me pareció la dirección del sol naciente… Entonces me transportó hasta una atmósfera serena y luminosa…
>
> Entonces vi una pradera llena de flores… Allí había abundantes grupos de personas vestidas de blanco… Todos parecían muy felices… Y empecé a pensar que aquello debía ser el reino de los cielos… Pero el ser que me acompañaba dijo: «No… Esto no es el cielo»…
>
> Y vi frente a nosotros una luz que irradiaba mucha más gracia que la anterior… Entonces escuché voces, cantando… La fragancia del lugar no tiene comparación…
>
> Y el ser que me acompañaba explicó que no podía seguir… «No ha llegado tu hora», afirmó… Y me hizo una advertencia: «Si enmendaba mi forma de vivir, al morir de verdad me encontraría entre los jubilosos grupos de espíritus bienaventurados».

Según Beda, aquel hombre cambió radicalmente su vida. Repartió sus posesiones y se retiró a un convento benedictino. Allí permaneció hasta su muerte.

Puro teatro. Al pasar al «otro lado» nadie juzga a nadie. La vida en la materia está sujeta a lo que llamo la «Ley del Contrato». Se vive para experimentar. Se vive –lo bueno y lo malo– según lo «contratado» por uno mismo antes de nacer. Los malos también tienen su papel (nada fácil). La vida, en la Tierra, es un juego en el que participan el bien y el mal (a partes iguales). La religión no contempla nada de esto.

Beda, el Venerable.
(Archivo: © Universal History Archive/ Universal Images Group / Album.)

EL BOSCO

Siempre me fascinó el Bosco. En especial uno de sus cuadros: *Visiones del más allá*, hoy expuesto en el Palacio Ducal, en Venecia.

En dicha pintura, el Bosco (cuyo verdadero nombre era Jeroen Van Aeken) muestra el camino que siguen las almas tras el dulce sueño de la muerte. Asombroso: el Bosco pinta un túnel por el que vuelan los muertos, acompañados de seres angelicales. Al fondo de dicho túnel aparece una luz deslumbrante.

Y me pregunto: ¿cómo supo el pintor de Aquisgrán lo que han contado miles de testigos? Solo hay dos posibles explicaciones: o vivió una «experiencia cercana a la muerte» y vio el túnel, la luz y todo lo demás, o alguien se lo contó.

El Bosco se adelantó a su tiempo (murió en agosto de 1516). En realidad, las ECM empezaron a ser investigadas en el siglo XX.

El Bosco.
(Archivo: © Alamy / Album.)

Visiones del más allá. Cuadro del Bosco (siglo XVI). Sin comentarios.
(Archivo: © Artelan / Album.)

ALGUNOS COMENTARIOS Y CONCLUSIONES INEVITABLES

1. Según mis informaciones, más de trescientos millones de personas han experimentado una ECM.
2. A la hora de experimentar una ECM no influyen la edad, la educación, el sexo, la religión o la raza.
3. Las causas que desembocan en una ECM son múltiples: infartos, accidentes de todo tipo, complicaciones médicas, intentos fallidos de suicidio, ataques de animales, fase inicial de ahogamiento, estrés, miedo intenso, ingestión de drogas y desvanecimientos (entre otras).
4. Las ECM se registran cuando el paciente está en «muerte clínica» (encefalograma plano). No estoy de acuerdo, por tanto, con los que afirman que se trata de alucinaciones.
5. Tras una ECM, el individuo cambia su forma de pensar. Se hacen más humanos y espirituales. Como dice el doctor Morales, «las "experiencias cercanas a la muerte" aumentan la espiritualidad y disminuyen la religiosidad».
6. La muerte no existe. Solo es abrir una puerta.
7. La religión tiene buena culpa de nuestra confusión ante la muerte.

8. Hay una creación invisible que no vemos. Es tan física como la creación visible.

9. El alma (el Yo) es inmortal. Tras la aventura de la vida en la Tierra regresa a «casa» (el mundo espiritual: la creación invisible).

10. Las ECM confirman la llamada «Ley del Contrato». «Te queda mucho por hacer…».

11. La muerte no duele.

12. La muerte es una genialidad del Padre Azul.

13. La muerte es un peaje necesario para regresar a «casa».

14. El fenómeno ovni tiene más relación con la muerte de lo que imaginamos.

15. Quizá «ellos» (los tripulantes de esas naves no humanas) son recogedores de almas…

16. Nadie quiere regresar de ese lugar (el umbral de los mundos MAT).

17. «Dios es azul» esconde un gran secreto.

En el «Último sol», siendo las 12 horas del 22 de enero del año 2025.

ÍNDICE

Si desea ponerse en contacto con J. J. Benítez
puede hacerlo en su página web (oficial):
jjbenitez.com o en el apartado de correos 141,
en Barbate 11160 (Cádiz. España).